PANORAMA.

LK 662

Vue de la Tour de Villeneuve et du Fort St André.

PANORAMA

D'AVIGNON, DE VAUCLUSE, DU MONT-
VENTOUX ET DU COL-LONGET,

SUIVI

DE QUELQUES VUES DES ALPES

FRANÇAISES;

Par J. Guérin,

DOCTEUR en médecine ; Professeur de Physique au Collége
Royal d'Avignon ; Conservateur et Bibliothécaire du
Muséum CALVET ; Médecin de la Maison Royale de
Santé ; Médecin honoraire de l'Hôpital Sainte-Marthe ;
Membre des Académies de Vaucluse, Gottingue, Turin,
et de plusieurs autres Sociétés savantes nationales et
étrangères.

Orné de 8 dessins lithographiés.

AVIGNON,

DE L'IMPRIMERIE DE GUICHARD AÎNÉ,

Lithographe de la Ville.

1829.

A MONSIEUR LE BARON
DE MONTFAUCON,

Maire de la bonne ville d'Avignon, Chevalier de l'Ordre royal de la Légion d'Honneur, Président de la Société des Amis des Arts, de l'Académie de Vaucluse, etc. etc.

Si le magistrat intègre, le fondateur de plusieurs établissemens utiles, le protecteur des lettres, des arts et de l'industrie ont des droits à la reconnaissance publique, vous la méritez d'autant plus, Monsieur le Maire, que chacun de ces titres vous la concilie.

Parler d'AVIGNON et passer votre Nom sous silence, ce serait, MONSIEUR LE MAIRE, isoler cette Ville de celui qui la vivifie.

Guérin, d'Avignon.

AVERTISSEMENT.

Mes Panoramas d'Avignon, de Vaucluse et du Mont-Ventoux sont suivis de quelques Vues remarquables par leurs beautés sauvages, auprès desquelles les sites les plus gracieux de la plaine manquent d'expression, de physionomie et de grandeur.

Ces Panoramas renfermeront une Notice des objets les plus intéressans compris dans l'*horizon sensible*. Les lacunes, les omissions, le désordre doivent caractériser de pareils tableaux. Le reproche de passer tout à coup d'un sujet à un autre, de mêler le sacré au profane, la géologie à l'histoire, et de citer des faits isolés qui se succèdent d'après un ordre topographique et non d'après celui des temps, ne serait point ici un reproche fondé.

Les objets vus de la plus grande hauteur

du Rocher d'Avignon, à partir du fort Saint-André en-delà du Rhône et en avançant de gauche à droite, sont décrits tour à tour. Après avoir successivement parcouru l'aire d'une vaste circonférence, je termine mon premier article.

Pour donner une idée plus précise des révolutions dont notre ville a été le théâtre, j'indique ensuite dans cinq ou six pages, d'après un ordre chronologique, les principaux événemens de son histoire.

M'élevant depuis cent cinquante pieds jusqu'aux plus hautes régions accessibles, je porte des yeux attentifs sur les objets qui m'entourent. Ils me charment par leur nombre, m'étonnent par leur étendue ou me frappent par l'irrégularité de leurs masses.

Parvenu sur une hauteur qu'entoure un sol agréablement varié, l'homme le moins sensible à ce genre de spectacle ne peut se défendre d'une impérieuse admiration : elle augmente encore si cette contrée est féconde en nobles souvenirs. Sous ce double rapport le Panorama d'Avignon l'emporte sur tous les autres.

Le Rocher à pic de Vaucluse, dont la hauteur n'a pas moins de 170 toises, présente un autre tableau : on voit les objets dans un plus grand éloignement, mais on les reconnaît sans peine.

Le Mont-Ventoux a 1000 toises d'élévation. C'est un colosse à côté duquel toutes les montagnes des environs ne sont que des pygmées : je ne connais pas un plus bel Observatoire dans nos Alpes, ni un horizon plus vaste. On y jouit en même temps de l'uniforme étendue de la plaine et de l'aspect imposant des Alpes.

Le Col-Longet, au milieu des précipices et des cimes couvertes de neige qui s'élèvent de toutes parts jusqu'au-dessus de 1700 toises, offre les *belles horreurs* d'une nature inorganique et sauvage.

Mes deux premiers Panoramas réunissent ce que la plaine a de plus riant ; les deux autres, ce que les montagnes renferment de plus majestueux.

A ces Panoramas succéderont quelques vues particulières.

Les beautés naturelles de la Suisse et de la Savoie ont exercé la plume d'un grand nombre d'écrivains; mais on n'a presque rien dit encore sous ce rapport du Dauphiné et de la haute Provence. J'extrais de mon journal les descriptions des sites qui m'ont le plus frappé. Rien n'y est feint, rien n'y est exagéré, l'imagination n'y entre pour rien : ils sont inanimés quand je les ai vus sans vie. Il m'eût été facile d'imaginer des retraites solitaires, des asiles mystérieux, des aventures, des catastrophes, d'inventer mille épisodes, etc. etc., mais j'ai cru que le vrai seul était préférable aux plus ingénieuses fictions.

Des poètes et des romanciers ont peint ce qu'ils nomment *la belle nature*, comme si elle avait besoin d'ornemens !..... Ils ont réuni dans le même cadre et formé un même tout de plusieurs beautés séparées ! Loin de les imiter, j'ai tâché de la représenter avec fidélité, c'est-à-dire grande, majestueuse, sublime, en un mot semblable à elle-même, et telle qu'on la voit surtout dans les Alpes où la main de l'homme n'a point altéré la noblesse de ses traits. Les glaciers, les montagnes couvertes de neige, les cimes élancées dans les nues, les rochers inaccessibles, les passages sombres creusés par les torrens, le bord d'un lac élevé, un silencieux clair de lune dans les plus hautes régions, etc. etc., sont les sujets de quelques tableaux connus seulement des bergers et des chasseurs.

Je donne à la tête de ces tableaux une idée géologique du sol des environs. La hauteur des lieux sur le niveau de la mer n'est point oubliée. Mes mesures sont chacune le résultat de plusieurs observations faites avec la plus grande exactitude.

Le Rocher d'Avignon entièrement calcaire renferme quelques veines de spath. Sa base, qui fait partie d'un vaste bassin de même nature, est couverte ainsi que ce bassin d'un lit de cailloux roulés qui disparaît sous une couche de gravier et de terre végétale, formée par les dépôts plus modernes du Rhône et de la Durance. Ces cailloux reparaissent aux bords du bassin que ces dépôts ont nivelé. On les retrouve sur les collines du Languedoc, jusqu'à une hauteur de 50 à 60 toises sur le niveau de la mer.

PANORAMA

D'AVIGNON, DE VAUCLUSE, DU MONT-VENTOUX ET DU COL-LONGET,

SUIVI

DE QUELQUES VUES DES ALPES FRANÇAISES (*).

PANORAMA D'AVIGNON.

Le Rocher, renfermé dans l'enceinte d'Avignon, s'élève d'un côté à pic sur le Rhône, et s'abaisse de l'autre en pente douce. On y arrive par des rampes en amphithéâtre bordées de para-

---

(*) Je donne le nom d'*Alpes françaises* aux montagnes les plus élevées du Dauphiné et de la haute Provence.

pets, ou par un escalier (1). Sa plus grande hauteur est de 31 toises sur le niveau de la mer. On y a élevé une

(1) Le cardinal de Foix, légat d'Avignon, fils de Gaston comte de Foix, a fait rebâtir vers 1450 la plate-forme de l'église de Notre-Dame des *Dons* ou *Doms*, avec son escalier qui avait autant de marches que l'Oraison dominicale de mots.

Il y a un autre escalier de 128 marches, par lequel on descend du rocher jusqu'auprès de la chapelle de la Miséricorde où l'on conserve un *Christ* d'ivoire regardé comme un chef-d'œuvre, même par Canova qui le considéra très-attentivement.

On voit dans la même chapelle quelques bons tableaux.

La Maison des aliénés où les malades, traités avec autant de douceur que de prudence, guérissent en grand nombre à l'aide des soins désintéressés, des égards dus aux habitudes et au malheur, d'un régime varié et d'alimens aussi sains que délicats apprêtés avec une propreté extrême, n'est séparée de cette jolie chapelle que par une cour. Des Administrateurs pleins d'humanité dirigent cette Maison. Des sœurs compatissantes, un aumônier instruit et surveillant, deux médecins et deux chi-

croix. C'est à côté de ce monument pieux que je m'arrête pour indiquer les objets qu'on découvre dans un vaste horizon. Cette vue est une des plus remarquables par la variété des sites, les lieux qu'ils renferment et les grands souvenirs qu'ils retracent. C'est surtout une heure après le lever du soleil ou avant son coucher qu'on peut observer les détails intéressans qu'offre le Panorama d'une ville célèbre depuis vingt siècles.

Ici, des collines couvertes d'oliviers se prolongent en amphithéâtre ; là, une tour colossale s'élève au milieu des modestes habitations qui semblent jetées au hasard sur un roc inégal ; plus loin, le fleuve est dominé par un vieux fort,

rurgiens d'un mérite reconnu y sont attachés. Il ne manque à l'établissement qu'un local plus spacieux pour qu'il puisse être distingué parmi les premiers de ce genre.

en face d'une île riante ; vers le midi, l'œil suit la Durance depuis Bon-pas jusqu'à sa jonction avec le Rhône : de toutes parts, dans le lointain, des hauteurs cultivées terminent la plaine couverte de riches moissons. Ces objets divers forment, sous un ciel pur, un ensemble délicieux.

La hauteur au-delà du Rhône, sur laquelle est bâti le fort Saint-André, cache la Chartreuse de Villeneuve (1), vaste monastère dont il ne restera bientôt que des ruines. Le mausolée d'Inno-

(1) Le fort Saint-André et ses environs composent un joli paysage lithographié par M. Laurent de Carpentras. Cette vue, prise à côté de la croix dont je viens de parler, sert à orienter le curieux qui désire connaître les détails de mon Panorama. Les autres lithographies de ce livre sont aussi l'ouvrage du même dessinateur.

cent VI, monument remarquable du XIVme siècle, abandonné dans une chapelle à demi ruinée, s'y dégrade tous les jours. Ce mausolée d'un souverain pontife, protecteur des lettres, ne sera-t-il jamais transporté sous des voûtes augustes, et attestera-t-il sans cesse un inexcusable dédain (1)?

Cette même hauteur, entourée de vieux remparts, renfermait un magnifique couvent de Bénédictins dont il ne reste plus que les fondations.

A l'extrémité d'une montagne grisâtre, nue, qui s'avance vers le nord en formant une espèce de promontoire sur le bord du Rhône, on remarque une

---

(1) La main tutélaire et conservatrice qui ferait placer ce tombeau dans une de nos basiliques ou dans un lieu propre et décent, honorerait à la fois la mémoire du pontife qui a siégé parmi nous, et rendrait un service essentiel aux arts.

tour : elle fut bâtie, dit-on, par les mystérieux Templiers (1).

Ce village plus éloigné sur le penchant d'une colline, se nomme Châteauneuf-Calcernier. A droite sont les vignobles de la Nerthe ; ils croissent dans un sol couvert de quartz roulés

---

(1) Le nord d'Avignon est exactement entre cette tour et Châteauneuf. Orange est deux lieues plus loin dans la même direction. On y voit un *arc de triomphe*, un *vaste théâtre* dont les gradins sont taillés dans le roc ; les restes d'un *cirque*, les fondemens d'un *amphithéâtre*, les débris d'un *aqueduc*, des *mosaïques* et des *inscriptions* qui retracent dans une simple colonie les souvenirs de la grandeur romaine. Pour avoir une idée de ces monumens il faut lire l'ouvrage de La Pise, intitulé : *Tableau de l'Histoire d'Orange; La Haye*, 1639, enrichi d'assez bonnes gravures, devenu rare, mais qui se trouve dans la Bibliothèque publique d'Avignon, ou le livre de M. de Gasparin sur *l'Histoire d'Orange et ses antiquités; Orange*, 1815.

de même nature que ceux de la Crau, mais un peu plus petits.

Près de Châteauneuf, sur le bord du Rhône, on voit la tour de l'Air, située dans le voisinage de l'antique *Aëria* dont Strabon nous a conservé le souvenir (1).

(1) D'après Artémidore que cite Strabon, Aëria était sur une grande hauteur. On a cru que Vauréas, *Vallis Regia*, prenait son nom de *Vallis Aëriæ*; mais quel serait ici le lieu élevé où était Aëria ? Châteauneuf-Calcernier, sur la pente d'une colline, le mot *Calcernier* qui semble dérivé de *Calx Aëriæ*, pied d'Aëria, le château de l'*Air* ou *Lers* que l'ancienne tradition confond avec Aëria, indiquent très-probablement la position d'une ville qui n'en était pas éloignée. Il y a deux siècles que Nouguier a dit dans son *Histoire chronologique de l'Eglise d'Avignon*, page 33 :
« Louis-le-Débonnaire, empereur et roi de France,
» donna à la mense épiscopale, avec plusieurs
» autres églises, Saint Damien de *Lers* nommé
» des anciens géographes *Luerio* ou *Aëria*, avec

A peu de distance, sur la rive droite du fleuve est Roquemaure (Rocher des Maures). Il est vraisemblable que cette ville doit son nom au passage des Africains qui formaient une partie de l'armée d'Annibal, ou peut-être aux Maures qui, dans le VIIIme siècle, ont ravagé nos contrées. C'est ici que ce grand capitaine traversa le Rhône avec ses légions et ses éléphans.

On voit, à Roquemaure, des traces d'anciens ouvrages qui semblent attester le campement d'une armée nombreuse (1).

» son château ; les lettres sont datées de la 12me » année de son règne ». Cette assertion positive suppose que Nouguier avait lu dans quelque ancienne charte que Lers avait appartenu à la ville d'Aëria. Ces observations ajoutent plus de probabilité à celle de M. le marquis de Fortia d'Urban, connu par une érudition aussi profonde que variée.

(1) *Manusc.* CALVET, *tom.* 2. *pag.* 277.

Vue du Château de Montfaucon.

Près de cette ville, des pêcheurs trouvèrent dans le Rhône, en 1656, le fameux bouclier votif d'argent du poids de 21 livres et de 26 pouces de diamètre, sur lequel est représentée une action mémorable de Scipion l'Africain, rapportée par Polybe et Tite-Live.

Voyez, au sujet de ce bouclier, Spon, *Recherches curieuses d'antiquités*, pag. 1.

A demi-lieue de Roquemaure, sur la rive droite du Rhône est situé le village de Montfaucon. Son vieux château offre un point de vue très-remarquable. L'art et le goût semblent s'être réunis à Montfaucon pour embellir une hauteur qui n'offrait que des rochers nuds et un sable stérile.

Ce joli vers du poète *des Jardins*,

Pour elle il s'embellit, il s'embellit par elle (1),

(1) La modestie m'impose le silence sur un nom que la vertu proclame.

offre ici une application des plus heureuses. Tous ceux qui ont passé quelques heures dans ces lieux enchanteurs, ne manqueront pas d'en sentir la justesse.

La colline de Châteauneuf, qui se prolonge uniformément, cesse tout à coup en approchant du Nord-Est. Non loin de son extrémité est Bedarrides, *Biturrita* (village aux deux tours) (1),

---

(1) On peut croire avec M. le marquis de Fortia que Bedarrides doit son nom aux tours que fit élever Ænobarbus après sa victoire, et que Vindalon n'en était pas éloigné ; que peut-être même Bedarrides est bâti sur ses ruines qui ont disparu à cause de l'exhaussement du sol occasionné par les dépôts de l'Ouèse.

On lit cependant dans les vieux manuscrits et les anciennes chartes *Bitorrita* et non *Biturrita*. Ce village aurait-il été incendié deux fois par les Barbares qui ravagèrent nos contrées dans les premiers siècles de notre ère, ou plus tard par les Sarrasins ?

situé au confluent de la Sorgue et de l'Ouèse, rivières qui portaient après leur jonction le nom de *Vindalicus amnis*, célèbre par la victoire de C. D. Ænobarbus, remportée 125 ans avant J. C. Mais quelle était la position de l'antique *Vindalum ?* Nous l'ignorons : son nom seul reste à l'histoire.

Cette cime bleuâtre, à gauche d'une montagne crénelée, appartient au département de la Drôme, et se nomme *la Lence ;* elle a six cent quatre-vingt toises de haut.

Dans cette direction, mais plus près de nous, était le magnifique château de Grignan, plus célèbre par des souvenirs que par les beautés naturelles de ses environs. Ses ruines modernes attestent la fureur des Vandales révolutionnaires.

Les crénelures que l'on voit au N. E.

indiquent la montagne de Mont-Mirail (*Mons Mira.*) Je ne sais si sa coupe bizarre, ses eaux médicinales, ou ses sources salées lui ont fait donner ce nom.

Du même côté, à deux lieues d'Avignon, est le village de Sorgues : on y voyait, avant la révolution, un vaste château bâti par les papes dans le XIV.me siècle.

Vers le N. E. cette masse remarquable d'une grande hauteur, couverte de neige la moitié de l'année, est le Mont-Ventoux, jadis si boisé que Pétrarque eut beaucoup de peine à arriver au sommet. Dépouillé de ses hêtres et de ses pins majestueux, il porte aujourd'hui le sceau de la stérilité. Entièrement calcaire, on trouve sur son sommet des pétrifications marines et quelques plantes des Alpes, mais pas un bloc ni un caillou granitique. De la cime du cône obtus sur lequel est bâtie une petite chapelle, on découvre d'un côté la chaîne des Alpes, de l'autre la mer et les Pyrénées. D'ici tout semble uni et régulier, de là tout est hérissé de montagnes, de crêtes et de pics (1).

(1) Voici une partie de la lettre dans laquelle Pétrarque décrit son voyage au Mont-Ventoux, fait avant le milieu du XIVme siècle.

Collis est omnium supremus quem Sylvestres Filiolum *vocant, cur ignoro...... Videtur enim verè pater omnium vicinorum montium. Illius in vertice planities parva est...... Primùm omnium spiritu quodam aeris insolito et spectaculo liberiore permotus stupenti similis steti. Respicio: nubes erant sub pedibus. Jamque mihi minùs incredibiles facti sunt* Athos *et* Olympus (*), *dùm quod de illis audieram et legeram in minoris famæ monte conspicio...... Alpes ipsæ ringentes ac nivosæ, per quas ferus ille quondam hostis romani nominis transivit, aceto, si famæ credimus, saxa perrumpens, juxtà mihi visæ sunt, cùm tamen magno distent intervallo......... Verto me ad tergum ad occidentem respiciens.* Limes

(*) La hauteur de l'Olympe est, d'après Xenagoras cité par Plutarque, de 960 toises; Bernouilli l'a trouvée de 1017 toises, hauteur qui est à peu près celle du Mont-Ventoux.

La hauteur du Mont-Ventoux est exactement de 1000 toises sur le niveau de la mer. On distingue à son pied, dans la direction du sommet, le village élevé de Bedouin. Des monstres le firent incendier, ou plutôt le mirent à feu et à sang pour répandre au loin la terreur par un acte des plus barbares.

Cette ligne horizontale blanchâtre, qui semble faire partie du Mont-Ventoux, en est cependant éloignée de deux lieues ; elle indique Carpentras. Un aqueduc hardi, les restes d'un arc de triomphe, la cathédrale, l'évêché, sont des monumens remarquables. L'é-

---

ille Galliarum et Hispaniæ Pyrineus vertex indè non cernitur, nullius quem sciam obicis interventu, sed solâ fragilitate mortalis visûs. Lugdunensis autem provinciæ montes ad dexteram, ad lævam verò Massiliæ fretum et quod ad Aquas-Mortuas verberat aliquot dierum spatio distantia, præclarissimè videbam. Rhodanus ipse sub oculis nostribus erat...... PETRARC. *De rebus familiar. epist.* 1. *lib. IV.*

vêque d'Inguimbert y fit bâtir, à ses frais, un bel hôpital dont l'escalier attire l'attention des connaisseurs. Il fonda aussi une bibliothèque ; elle renferme environ 20000 volumes parmi lesquels sont une foule d'ouvrages précieux, les plus anciennes éditions de nos classiques, les manuscrits de Polycarpe de la Rivière, ceux de Peyresc, et sa correspondance avec Gassendi.

M. de Pazzis a publié l'éloge historique de ce digne prélat ; M. Piot, juge du tribunal d'Avignon, qui joint une muse élégante et facile aux manières les plus distinguées, fit part à l'Académie de Vaucluse de quelques distiques ingénieux, au nombre desquels s'en trouvait un qui caractérisait l'évêque d'Inguimbert ; en voici le sens, autant que je puis m'en souvenir :

.... Il laissa dans Vaucluse
Le pauvre sans besoin, l'ignorant sans excuse.

Des tableaux, des médailles et d'autres objets antiques font partie du même établissement dont le nom du fondateur, béni par les pauvres, est cher aux gens de lettres.

Sadolet, secrétaire de Léon X, nommé à l'évêché de Carpentras, se plaisait dans cette ville. « François Ier l'ayant appelé
» auprès de lui, il répondit qu'il préfé-
» rait le repos et le silence de la solitude
» au tumulte des cours et à l'embarras
» des affaires. La plume de ce prélat se
» prêtait à tout, théologie, philosophie,
» éloquence. Il joignait à un rare savoir
» une modération et une modestie plus
» rares encore. Son style respire l'élé-
» gance et la pureté des anciens écri-
» vains de Rome. De tous ceux qui ont
» fait revivre dans le XVme siècle la
» belle latinité, il est celui qui a le
» mieux réussi. J'aime, disait-il, dans
» une de ses lettres, cette église et cette

» ville de Carpentras pour épouse spi-
» rituelle et pour patrie. J'ai une ten-
» dresse de père pour mes peuples, et
» ce n'est qu'avec une répugnance ex-
» trême que je me sépare d'eux ».

Une petite montagne grisâtre, régu-
lière, semblable à la carène d'un long
bâtiment renversé, sûr laquelle on voit
une chapelle, est à côté de Vedennes.
Ce village serait-il l'antique Vindalon?
Je n'oserais l'assurer ni le nier. Sa
proximité de la Sorgue et de l'Ouèse,
ainsi qu'une analogie entre les noms,
doivent le faire soupçonner ; mais à
moins d'y trouver quelque inscription
précise, on ne peut former à ce sujet
que de vagues conjectures.

A l'extrémité orientale de cette hauteur, mais deux fois plus loin, on voit
une petite ville qui, comme Carpentras,

semble bâtie sur le penchant d'une montagne. Elle se nomme Pernes, berceau de Fléchier évêque de Nismes, que l'oraison funèbre de Turenne place à côté de Bossuet, et les douces vertus auprès de Fénélon. « Ses bienfaits, éga-
» lement distribués aux catholiques et
» aux protestans, étaient réglés sur ce
» qu'ils souffraient et non sur ce qu'ils
» croyaient. Quels cantiques, disait-il,
» valent la bénédiction des pauvres, et
» quel spectacle plus digne des regards
» d'un Dieu que les larmes des indigens
» essuyées par ses ministres ! On le vit
» plus d'une fois, dans les rues de Nis-
» mes, donner l'aumône d'une main et
» la bénédiction de l'autre. Il mourut,
» dit d'Alembert, pleuré par les catho-
» liques, regretté par des protestans,
» et ayant toujours été pour ses confrè-
» res un digne modèle de charité, de
» simplicité et d'éloquence ».

Exactement à l'est, au pied d'un coteau couvert de vignobles, se trouve le village de Morières. Le canal *Crillon* fertilise la plaine qu'on traverse avant d'y arriver. Un petit-fils de l'illustre ami d'Henri IV, après avoir servi glorieusement la France et l'Espagne, son alliée, nous laissa ce gage de son affection (1).

Du même côté, deux lieues au-dessus de Vaucluse, est le village de Murs. Le Brave des Braves y vit la lumière. Ce héros fit ses premières études à Avignon, où se développèrent ces principes invariables de religion, d'honneur, de lo-

---

(1) Des propriétés rurales qui n'avaient aucune valeur avant la construction de ce canal, sont aujourd'hui très-précieuses. Le dépôt abondant que laissent les eaux de la Durance a changé en un sol fertile, sur une longueur de plus de deux lieues, des plaines incultes et couvertes de cailloux.

yauté et de bravoure qui le caractérisent (1).

(1) « J'ai lu, dit un ancien panégyriste du
» brave Crillon, une quinzaine de lettres écrites
» de la main du roy qui s'accomensent toutes par
» ces mots : *Brave Crillon*, et se terminent toutes
» sur la même teneur, *Brave Crillon*. Voici la
» copie d'une qui faira foi pour toutes :
» Brave Crillon, pendés vous de n'avoir esté ici
» près de moi lundi dernier, à la plus belle oc-
» casion qui se soit jamais euc et qui peut-être
» se verra jamais : croyés que je vous ay bien
» désiré. L'ennemi nous vint voir fort furieuse-
» ment, mais il s'en est retourné fort honteuse-
» ment. J'espère jeudi prochain estre dans Amiens
» où je ne séjournerai guère pour entreprendre
» quelque chose, car j'ai maintenant une des plus
» belles armées que l'on scauroit imaginer ; il
» n'y manque rien que le brave Crillon qui sera
» toujours le bien venu et vu de moi. Adieu.
» Ce 20 septembre, au camp devant Amiens.
» HENRY ».

Il lui écrivait encore : « Brave Crillon, vous
» savez comme estant roy de Navarre je vous
» aymois, estimois, et fesois cas de vous ; depuis
» que je suis roy je n'en fais moins, et vous

Vue de Vaucluse.

Cette autre montagne en-delà du coteau de Morières, et dans l'alignement de ce village, est la retraite de Pétrarque. Au pied de ces rochers, au bord de la Sorgue naissante, ce poète immortel, ce restaurateur des lettres, cet écrivain sagement philosophe, vint pour calmer un feu dévorant (1). Malheureux !

« » honore autant que gentil-homme de mon ro-
« » yaume, ce que je vous prie de croire et en faire
« » estat. Sur ce, brave Crillon, Dieu vous ait en
« » sa garde.

» A Mante, ce 29 juin.
       » HENRY ».

(*Extrait du* Bouclier d'honneur, *du Père Béning de la Compagnie de Jésus. Avignon, de l'imprimerie de Bramereau, 1616*).

(1) On croit que Pétrarque vint se fixer à Vaucluse pour se rapprocher de Laure, tandis qu'il dit positivement le contraire dans la 111ᵉ épître du 8ᵉ livre de ses épîtres familières :

Illìc (in *Clausâ-Valle*) *juvenilem æstum qui me multos annos torruit (ut nôsti) sperans illis umbraculis Menire, eo jam indè ab adolescentiá sapè confugere velut*

la solitude augmentait sa flamme, et tous les rochers lui répétaient le nom de Laure (1) !

in arcem munitissimam solebam. Sed heu mihi incauto ! ipsa nempè remedia in exitium. Nam et his quas mecum adduxeram curis incumbentibus, et in tantâ solitudine nullo prorsùs ad incendium accurrente, desperatiùs urebar. Itaque per os meum flamma cordis erumpens, miserabili (sed ut quidam dixerunt) dulci murmure, valles cœlumque complebat. Hinc illa vulgaria juvenilium laborum meorum cantica, quorum hodiè pudet ac pœnitet, sed eodem morbo affectis, ut videmus, acceptissima.

(1) Comment se fait-il qu'un homme célèbre depuis cinq siècles ne soit pas encore bien connu, et qu'on porte sur lui des jugemens si divers ? Les uns, d'après quelques lettres écrites dans la plus intime confidence de l'amitié, où il peint avec une vertueuse indignation des vices scandaleux, en ont fait un novateur téméraire, un critique emporté et presque un mécréant. D'autres le traitent avec moins de sévérité, mais ne le justifient pas toujours. On lui fait aussi le reproche de s'être déchaîné trop amèrement contre les philosophes de son siècle. Pour moi, qui ai lu avec attention les ouvrages latins de Pétrarque, et étudié sa vie privée et politique, je puis assurer qu'on

Entre Morières et ce clocher surmonté d'une galerie de fer, vous voyez

lui a souvent attribué des opinions opposées à ses principes ; tant il est vrai qu'en isolant des faits, en passant sous silence des circonstances accessoires, on peut jeter un faux jour sur la conduite la plus noble, le zèle le plus louable, l'intention la plus pure, et porter du même personnage et des mêmes faits des jugemens si divers, selon le rang qu'on occupe, l'emploi qu'on possède, certains ménagemens qu'on veut garder, l'impulsion qu'on reçoit ou le parti qu'on embrasse.

Quand on lit Pétrarque avec impartialité, sans pédantisme, et sans s'attacher à la rouille inévitable de son siècle ; quand on le lit avec *le cœur* plutôt qu'avec *l'esprit*, frappé de sa mâle éloquence, de la profondeur de ses idées, de l'énergie de ses expressions, transporté par un ascendant irrésistible, on l'interroge, on s'identifie avec lui, on partage avec chaleur ses sentimens et son noble enthousiasme !

L'attachement de Pétrarque au culte de ses pères ; l'obligation qu'il s'était imposée de se lever constamment à minuit pour rendre des actions de grace au Tout-puissant ; ses liaisons intimes avec les hommes les plus recommandables par leur piété

dans le lointain la chaîne bleuâtre du Lubéron (*Albericus mons*). Si aucun

ou leurs vertus ; sa prédilection pour des cénobites dont il partageait quelquefois, dans leur solitude, les austérités et le pieux recueillement ; son amour pour la retraite ; ses écrits contre ces prétendus philosophes Vénitiens qui, niant la Providence, avaient arboré l'étendard du scepticisme, prouvent que ses opinions n'étaient point celles d'un homme tolérant par indifférence ou par principe, le scandale et l'erreur.

Son enthousiasme pour la patrie ; son cœur transporté à l'idée d'un gouvernement digne d'elle ; l'estime singulière de tant de partis ; un caractère diplomatique que son zèle lui donne et que l'Europe sanctionne au milieu des dissensions intestines et des guerres sanglantes ; ses paisibles voyages à travers des camps ennemis ; l'estime et la familiarité des empereurs, des rois, des chefs de républiques dont les intérêts étaient si divergens ; tant de puissances divisées, toutes d'accord pour le consulter et le chérir, ne sont-elles pas l'éloge irrécusable de sa modération et de sa bienveillante politique ?......

Quel étonnant météore nous offre Pétrarque dans un siècle où l'on n'avait aucune notion précise

antique souvenir n'est attaché à son histoire, il fut de nos jours l'asile de la fidélité.

et où le bien comme le mal formaient presque toujours un inextricable chaos ! Mais l'hétérogène mélange commençait à fermenter et ses élémens à ne plus se confondre. L'esprit tendait à une restauration littéraire, comme le corps social à un changement politique. Par malheur des aberrations dangereuses sur les points les plus délicats devaient produire, un peu plus tard, des disputes interminables touchant l'objet le plus capital pour le bonheur et le repos des peuples !

A part des sophistes qui trouvaient dans Pétrarque un redoutable adversaire, mais qui feignaient de ne voir en lui qu'un poète langoureux, et à l'exception de quelques ignorans ennemis naturels du génie, ce grand homme était regardé comme l'oracle et le flambeau de son siècle. Ecrivain original, philosophe judicieux, moraliste profond, orateur véhément, poète inimitable, historien et géographe, savant investigateur de l'antiquité, jamais homme ne s'éleva autant que lui et avec tant d'éclat au-dessus d'un âge dans lequel quelques faibles rayons, souvent interceptés, ne répandaient çà

A l'extrémité méridionale de la colline de Morières, exactement dans la direction du même clocher, vous apercevez et là, à travers les ténèbres, qu'une lumière incertaine.

Cet amour irrésistible toujours combattu, toujours renaissant, qui devait éterniser par des vers inimitables le plus difficile comme le plus chaste des triomphes, pourrait-il éclipser une aussi haute sagesse ? Je suis loin d'applaudir à la cause de tant de vers mélodieux, mais ne doit-on pas justifier l'homme qui, déplorant dans un âge mûr le délire de sa jeunesse, est encore accusé, quoiqu'il s'en accuse lui-même avec une espèce de honte, d'une passion que la vertu sévère peut condamner, mais que la gloire doit absoudre ?

J'ai parlé de Pétrarque avec tant d'impartialité, qu'on ne pourrait citer un passage de ses œuvres, à moins de l'isoler des réflexions qui l'accompagnent, ni un acte de sa vie contraire à mes assertions. Je me suis appliqué à peindre avec ressemblance (j'en donnerai les preuves dans ma *Vie de Pétrarque*) celui qui ayant dans sa jeunesse immortalisé Vaucluse par les charmes de son esprit, les qualités de son cœur, la décence de ses chants, la flexibilité de son génie, offre dans l'âge mûr le modèle du philosophe et du citoyen.

la Chartreuse de Bon-Pas, située au bord de la Durance, à deux lieues d'Avignon. Il y avait vis-à-vis de ce monastère un pont qui servait en même temps d'aqueduc pour conduire les eaux de Vaucluse en Provence. Ce lieu peut être regardé comme nos Thermopyles. Là, nos ancêtres s'opposant au passage des Sarrasins avec un courage digne d'un meilleur sort, firent des prodiges de valeur. La ville d'Avignon érigea une chapelle dans le lieu où ces héros furent accablés par le nombre. On la donna d'abord aux Templiers, puis aux Chartreux : ces derniers y bâtirent une église et un couvent. On lisait encore à Bon-Pas, il y a peu d'années, cette ancienne inscription aussi simple que modeste :

SEPVLTVRA NOBILIVM AVENNIONENSIVM QUI OCCVBVERVNT IN BELLO CONTRA SARACENOS.

Au S. E., dans la direction de l'angle méridional d'un petit enclos où reposent les mortelles dépouilles d'Esprit Calvet, fondateur du Musée d'Avignon, on voit la Tour ruinée de Château-Renard (1).

Faites trois ou quatre pas du côté du

---

(1) C'est à Château-Renard que se rendit Pierre de Luna, chassé par les Avignonnais qui l'assiégèrent dans le Palais d'Avignon où il s'était fortifié. Ce siége commença le 1ᵉʳ septembre 1398, et ne finit que le 12 mars 1403. Quelques années après, Rodrigue de Luna son neveu et les Catalans qu'il commandait s'y fortifièrent de nouveau, et abattirent le clocher de Notre-Dame. Les Avignonnais perdirent environ 400 hommes dans un assaut qui se donna en même temps au grand Palais, à celui de la Vice-Gérence et à la Roche de Doms. Ce dernier siége dura depuis le 27 mai 1410, jusqu'au 22 novembre 1411, *époque où finit*, dit Valadier, *une guerre sanglante plus que civile* ; imitation de ces mots de Lucain : *Plus quàm civilia.*

Ancien Palais des Papes.

nord sur le rocher qui entoure la Croix, et suivez l'alignement formé par l'angle extérieur de la plus haute tour du Palais ; vous verrez au pied d'une montagne toujours d'égale hauteur sur une longueur assez considérable, l'antique *Glanum*, aujourd'hui Saint-Remy. Vous y découvrirez, à l'aide d'une lunette médiocre, un Mausolée que surmonte une coupole parabolique supportant dix colonnes. Vous distinguerez à côté de ce monument un Arc de triomphe (1).

(1) On lit sur le mausolée l'inscription suivante, dont les lettres disposées sur une seule ligne, sont gravées dans la pierre du côté du nord.
SEX. L. M. IVLIEI. C. F. PARENTIB. SVEIS.

M. Malosse, de la Société des antiquaires de France, l'interprète ainsi (*) :

Sextus Lucius Marcus Juliei curaverunt fieri parentibus suis.

Sextus Lucius Marcus de la famille des Jules

(*) On trouve l'ouvrage de M. Malosse chez M. Séguin.

Ces constructions romaines sont à l'entrée d'une gorge où l'on a trouvé plusieurs restes d'antiquité. On assure que la piété d'un monarque français fit substituer au mot *Glanum* un nom pris dans notre Légende.

L'immense édifice qui cache l'horizon du sud au sud-ouest, est le Palais bâti par les papes qui siégèrent dans Avignon. La grandeur de cet édifice gothique, son élévation, ses tours, l'épaisseur de ses murs, ses créneaux, ses ogives, ses meurtrières, cette architec-

ont fait élever ce monument à leurs parens.
Ce mausolée a 9 toises 3 pieds de hauteur, et l'arc de triomphe 6 toises de longueur, 3 de largeur et 5 de hauteur.

S'il restait encore quelque incertitude sur la position géographique de *Glanum*, une médaille trouvée à Saint-Remy, que possède M. de Lagoy, sur laquelle on lit le mot *Glanum*, ne permettrait plus d'avoir des doutes à ce sujet.

ture sans suite, sans régularité, sans symétrie, étonnent le spectateur. Aucun monument d'Europe ne se présente peut-être sous un aspect aussi colossal. Le chancelier de l'Hospital a dit au sujet de cet édifice :

.... *Moles etiam miranda Palati,*
Materiá et sumptu, minimum aut nihil artis
in illá est.

Dans son enceinte imposante, sous ces voûtes faiblement éclairées où tant de princes abaissèrent leurs sceptres devant la thiare ; où un pouvoir supérieur modifiait la volonté des princes ; où les intérêts de l'Europe étaient solennellement discutés ; où tant de rayons lumineux perçaient les plus épaisses ténèbres ; où des pontifes suprêmes embrassaient souvent la cause des peuples contre de violens oppresseurs..... où l'on voyait naguère des salles armoriées, des peintures faites à l'époque de la renaissance de l'art, des inscriptions qui retraçaient mille souvenirs, on ne trouve que des murs à moitié démolis, des passages sombres, des enclos spacieux, et de vastes casernes !

Ne jetez qu'un regard d'horreur sur cette tour !........ Elle est connue sous le nom de *Glacière*. Vous voyez l'épouvantable tombeau de cent victimes de tout âge et de tout sexe, froidement, lentement et cruellement égorgées par des cannibales, dont une amnistie homicide redoubla l'audace et la férocité.

Vers l'angle occidental du Palais, s'élève la Croix de la dernière Mission. Cette époque solennelle nous retrace des discours pleins d'onction, un empressement religieux et des cérémonies touchantes !

L'ancienne Métropole (Notre-Dame

des Dons), rebâtie sous Charlemagne, a, dit-on, remplacé un temple payen. Elle renferme le mausolée de Jean XXII, le tombeau de Benoît XII, de plusieurs cardinaux, d'un grand nombre d'archevêques, celui du brave Crillon et de sa famille. On voit dans le péristile de cette église des pierres sculptées qui ont appartenu à un monument plus ancien, et sur le mur à droite les restes d'une peinture attribuée à Simon Memmi (1) : elle représentait Saint Georges à cheval, avec une jeune femme devant lui qu'il délivre d'un dragon. Un ancien écrivain nous apprend que la jeune personne habillée de vert, dont il sortait de la poitrine une petite flamme, était la belle Laure, et le cavalier Pétrarque. Sous cette peinture on lisait ces vers allégoriques adressés au cavalier

(1) Cette peinture vient d'être tout à fait effacée.

par la jeune personne, et attribués à Pétrarque :

Miles in arma ferox bello captare triumphum,
Et solitus vastas pilo transfigere fauces
Serpentis tetrum spirantis pectore fumum
Occultas extingue faces in bella Georgi.

Cette façade dans le style de Michel-Ange, d'une architecture noble, simple, ornée de guirlandes et de griffons, a été bâtie sous Paul V. Ce pontife, dont la piété égalait le savoir, s'appliqua à faire fleurir les lettres dans la capitale du monde chrétien, à y rassembler les chefs-d'œuvre de peinture et de sculpture, et à faire restaurer les monumens antiques. De même que les colonies romaines imitaient la métropole, ainsi les Avignonnais, à l'exemple de leur Souverain, firent construire vers 1610 cet édifice remarquable (1),

(1) En 1600, le 21 novembre, avant la cons-

Façade de la Salle des Spectacles

connu sous le nom d'ancien *Hôtel de la Monnaie*, et qui sert aujourd'hui de caserne à la Gendarmerie.

A la même époque, sous l'archevêque Dulcis, l'église métropolitaine fut réparée et son presbytère rebâti.

On voit un peu plus loin la nouvelle Salle de Spectacle. On a trouvé, en creusant ses fondemens, une inscription du XIIme siècle, des pièces d'argent du siècle de Charlemagne, et à une plus grande profondeur un vase de terre rempli de pièces grecques du même métal, couvertes d'un oxide si épais qu'on ne lit que très-difficilement le

---

truction de cet Hôtel, les Consuls d'Avignon firent présent à la Reine de France, Marie de Médicis, épouse d'Henri IV, de cent cinquante médailles d'or « où était d'un côté *l'image de la Reine,* » *de l'autre le portrait de la ville d'Avignon* » *en perspective, et en d'autres l'image du* » *Roi* ». (Valadier, *Hercule gaulois*).

sigle M. On y a aussi trouvé la moitié d'une statue de femme d'environ 18 pouces de haut, en marbre blanc, et quelques poteries antiques. Au-dessous d'une couche de 8 ou 10 pieds de terre végétale mêlée d'ossemens et de ruines, on a mis à découvert un lit de gros cailloux roulés semblables à ceux de la Crau.

Si la façade de cette salle de spectacle manque de ce *grandiose* qu'on aime à trouver dans un édifice public, elle est du moins agréable à l'œil et bâtie avec une sorte d'élégance. Son intérieur n'est pas, dit-on, sans quelques défauts qu'il serait aisé de faire disparaître. Ses escaliers suspendus sont d'une hardiesse qui semble exclure la solidité, mais les poids dont ils ont été chargés, les fortes secousses qu'ils ont éprouvées, la rendent incontestable. Au reste, nos maçons Avignonnais, qui excellent dans la coupe des pierres et la solidité de leurs assemblages, doivent nous rassurer sur des craintes mal fondées.

Il est fâcheux qu'un édifice dont nous pouvions encore nous passer, ou qui devait être construit avec économie dans un local moins précieux, ait dévoré et dévore encore aujourd'hui des sommes indispensables pour un entretien très-onéreux.

Vers l'extrémité d'une isle du Rhône, mais deux lieues plus loin, on distingue Aramont ; le fleuve baigne ses murs. Il y avait anciennement un collége d'utriculaires. Calvet cite des inscriptions antiques trouvées dans cette ville.

Du même côté on voit à une lieue, sur le flanc d'une montagne aride, le château des Issards : il appartient à M. le marquis de Forbin. Ce nom retrace le souvenir du chef d'escadre qui joignait la valeur de Turenne à son noble désintéressement.

Entre le château et le rocher *de la Justice*, traversé par un chemin montant, est sur une hauteur le village des Angles, où l'on trouve quelques restes d'antiquité. Calvet nous a conservé l'inscription suivante gravée sur une pierre sépulcrale. Il la cite comme un exemple de cette heureuse ingénuité qu'on trouve dans les inscriptions antiques, dont les expressions affectueuses, naïves et modestes excitent l'attendrissement :

CVPITIAE FLORENTINAE
CONIVGI PIAE ET CASTAE
IANVARIVS PRIMITIVS
MARITVS QVALEM PAVPERTAS
POTVIT MEMORIAM DEDI.

(*Manusc*. Calvet, tom. 2. pag. 203).

J'ai vu dernièrement à Nîmes, dans l'enceinte qui entoure la Maison carrée,

Vue du Pont de St Bénézet

une inscription non moins remarquable par sa simplicité que par son laconisme :

D. M.
LVCIAE
VERECVNDAE.

Faites environ cent pas vers le couchant pour vous arrêter devant un petit mur bâti sur le bord du rocher à pic qui domine le Rhône, vous verrez les ruines d'un pont, édifice hardi construit par les Avignonnais en 1177. On bâtissait pour la postérité dans les temps antiques, et à peine pensons-nous à nos neveux dans la plupart des constructions modernes.

Le Rhône majestueux, son ancien pont à demi ruiné (1), dont une arche

(1) .... *Nihil ponte superbius illo Quem subter Rhodanus multis jam labitur auctus Fluminibus*........
MICHEL DE L'HOSPITAL.

5.

supporte depuis plus de six siècles une vieille chapelle, le coteau de Villeneuve, la verdure dont il est couvert, ses quais, ses digues, le cours du fleuve autour d'une isle animée et riante, les bosquets qui l'ombragent, les peupliers qui la bordent, les fermes qui l'entrecoupent, l'or des moissons, la verdure des prairies, la variété des sites, forment un ensemble dans lequel l'œil ami des contrastes découvre partout de nouvelles beautés.

Si je porte enfin mes regards sur les édifices qui m'entourent, que de souvenirs ils me retracent ! de combien de batailles n'ont-ils pas été les témoins ! Tour-à-tour Celtes ou Gaulois, Romains, Goths, Bourguignons, Austrasiens, du royaume d'Arles, du marquisat de Provence, partagés entre deux souverains, sujets du Saint Siége, Français.......

envahis dans le IVme siècle par les peuples du nord, dans le VIIIme par les Arabes, il n'est pas une pierre qui n'ait fumé du sang de nos pères (1). Ici, un pieux évêque disposa ses peuples martyrs à recevoir la mort sans murmurer contre la Providence (2). Clovis, le grand Clovis assiégea vainement sa double

(1) Je ne mets pas les Grecs au nombre des peuples qui ont été maîtres de notre ville, parce que je n'en trouve aucune preuve dans l'histoire ni dans les monumens. Avignon a eu sans doute des relations commerciales avec les Grecs ; cette ville a pu employer des ouvriers grecs, imiter des ouvrages grecs, mais jamais elle n'a été soumise à cette Nation ni à aucune de ses colonies, du moins jusqu'à Strabon qui florissait sous Auguste et sous Tibère. Nous avons plusieurs inscriptions romaines relatives à Avignon ou à nos contrées, mais nous n'en connaissons aucune en langue grecque (*).

(*) Voyez *Vie d'Esprit Calvet*, par le Docteur Guérin, page 64.

(2) *Gallia christian.* tom. 1. pag. 793, et

enceinte. Le perfide Mauronte y introduisit les Sarrasins, mais Charles-Martel s'en empara malgré la plus vive résistance, inonda ses rues d'un sang étranger et la délivra du joug Ismaélite. Après avoir perdu une grande partie de son armée devant cette place, Louis VIII n'y entrant que par capitulation, la mit hors d'état d'opposer ensuite une longue résistance !

Des papes, des rois, des princes, des cardinaux ont ennobli nos murs ; les vertus les plus pures brillèrent dans les

---

Galliæ christ. instrument. pag. 137. tom. 1. Paris, 1715.

Saint Jérôme peint avec une effrayante vérité l'état de nos contrées à cette époque d'extermination. Vide *Div. Hieronym. epist. ad Ageruchiam*, tom. 4. pag. 78. Paris, 1706.

Salvien, évêque de Marseille, qui écrivait à la même époque que Saint Jérôme, ne fait pas un tableau moins lamentable des calamités de son temps dans le VI° livre de *Gubernatione Dei*.

Amance, les Magne, les Agricol ; la simplicité évangélique nous fit presque oublier le haut rang des Luxembourg (1).

Malgré des catastrophes sans nombre, des désordres de toute espèce, la perte de tant de citoyens, tant d'opinions différentes, tant d'intérêts divers, malgré le mélange effervescent des vainqueurs et des vaincus, nous avions dans le VIme siècle des magistrats et un sénat éclairés, tandis que nos provinces étaient

---

(1) S^t. Pierre de Luxembourg appartenait à l'illustre maison qui a donné cinq empereurs à l'Occident, deux reines à la France et plusieurs rois à la Hongrie et à la Bohême. Sa piété ne fut pas moins grande que sa noblesse. « Il s'en
» faut bien, disait ce cardinal dans un siècle
» orageux, que nous fassions à la cour ce que
» nous devrions y faire : ce n'est ni par la science,
» ni par la naissance, ni par les armes que l'église
» de Dieu sera rétablie, mais par la piété, par
» les prières et par les bonnes œuvres ; et c'est
» à quoi nous devons nous appliquer sérieusement ».

encore dans une obscurité profonde (1).

Notre ancienne académie fondée et protégée par les rois de Naples (2), érigée en université par le chef de l'église dès le commencement du XIVme siècle (3), comblée de faveurs et de priviléges par les souverains pontifes et les rois de France, honorablement distinguée par la Maison de Sardaigne (4), compta parmi ses membres les premiers savans de l'Europe et des hommes que leurs vertus et leur érudition élevèrent du

---

(1) *Gregor. Turon.* lib. VI, cap. 9.

(2) Charles II, roi de Jérusalem et de Sicile.

(3) Boniface VIII, le même qui institua le Jubilé en 1300.

(4) Charles-Emannuel, duc de Savoie, accorda en 1632 à tous les docteurs et gradués de l'Université d'Avignon le droit de partager dans ses états les priviléges dont jouissaient ceux qui avaient pris les mêmes grades dans les Universités de son Royaume. (*Epitom. Privil. Graduat. Univ. Avenn. Avenion.* 1710, *p.* 167.)

rang le plus obscur au cardinalat et à la papauté (1).

Avignon renferma dans ses murs plus

(1) Je rapporterai entre autres exemples d'une semblable élévation, celle de Benoît XII. « Durant
» son pontificat, dit un auteur du XVIe. Siècle,
» son père le vint voir avec plusieurs gentils-
» hommes, lesquels l'avaient vestu et habillé de
» draps de soye : et quand il vint à saluer et à
» faire la révérence au dit Pape son fils, le Pape
» dit qu'il ne le connoissoit point et qu'il n'étoit
» point son père, car son père ne portoit pas
» habits de soye. Alors donc le bonhomme tout
» dolent s'en alla et laissa les dits habillemens,
» et se vestit ainsi qu'il l'avoit accoutumé, puis
» retourna de vers son fils le Pape, lequel alors le
» recogneut pour son père et lui donna de l'argent
» pour achepter un moulin et vivre de son mes-
» tier de musnier, disant qu'il ne falloit pas pour
» ses parents aliéner les biens de l'Eglise. »

Sans citer plusieurs Cardinaux célèbres qui ont appartenu à notre Université, je dirai que *Jean XXII* avait été Evêque d'Avignon ; qu'*Innocent VI* avait été agrégé à son Université; qu'*Urbain V*, Docteur d'Avignon, y professa plusieurs années le droit canonique, etc. etc.

de cent mille habitans, pendant que les souverains de l'Eglise y résidaient.

Après leur départ, cette ville continua d'attirer par des honneurs et des largesses les plus habiles Jurisconsultes. Bellaportica, Oldrad, professeur de Bartole, Salignac, Balde, Paul de Castro, Bellamera, Sannazar, Alciat, Ferret, qui fit écrire sur sa chaire : *Peritum orno, imperitum dedecoro* ; Cujas, Bellus, Ubalde, Saint-Léger (1), Croset, Suarès, Payen, etc. etc. furent des professeurs habiles dont les ouvrages sont connus des Jurisconsultes (2).

(1) St Léger (Tonduti de) et Payen, qui se délassaient de l'étude des lois par celle de l'astronomie dont Kircher avait inspiré le goût aux Avignonnais, nous ont laissé des tables et des calculs qui intéressent les savans.

(2) La Bibliothèque du Collége de St Martial, où est encore aujourd'hui celle du Musée Calvet, fondée en 1427 pour les Docteurs de l'Université, renfermait des ouvrages précieux, entr'autres les

Dans des temps moins éloignés, les Ferrarius, les Lafont, les Gastaldy (1),

manuscrits de Bellamera et de Salignac si estimés dans le XVe siècle. Il y avait un corps de droit civil, dont on refusa cinq cents ducats d'or. Nous avons aujourd'hui dans la bibliothèque publique d'Avignon, 8 volumes in-folio des ouvrages de Bellamera imprimés aux frais de la Ville, et portant ses armoiries. Le Cardinal de Saluces laissa à cette ancienne bibliothèque la moitié de ses livres ; l'on fonda en reconnaissance une messe solennelle, qui se disait le premier jour de l'octave de Pâques, à laquelle assistait le corps de l'Université.

C'est dans la même maison de St Martial qu'on a fondé quatre siècles après une nouvelle bibliothèque qui d'abord précieuse par les anciens livres qu'elle renfermait, ne l'est pas moins aujourd'hui par les beaux ouvrages modernes dont elle est chaque jour enrichie.

(1) « Jean-Baptiste Gastaldy, docteur et profes-
» seur de la faculté d'Avignon, né à Sisteron en
» 1664, avait dans ses leçons le trop rare talent
» de mêler l'utile à l'agréable. La peste qui rava-
» gea cette ville fit connaître combien un tel homme
» était précieux. »

les Bruns, les Calvet (1), y enseignèrent avec distinction différentes parties de la Médecine.

Valadier, Kircher (2), Pezenas, Paulian, Morand, Croiset, et une foule de

(1) Calvet, né en 1728, mort en 1810, savant médecin, habile antiquaire, aussi recommandable par ses vertus que par son savoir, a laissé à la Ville d'Avignon son cabinet, une bibliothèque choisie et un revenu d'environ 10000 francs pour être employé à des œuvres de bienfaisance ou à des acquisitions diverses, sous la clause expresse de n'introduire dans sa bibliothèque aucun roman, ni aucun ouvrage contre la religion et les mœurs. (*)

(*) *Voy.* Vie de Calvet, Avignon 1825, chez M. Seguin.

(2) Le célèbre Kircher, auteur d'un grand nombre d'ouvrages dans lesquels il expose l'idée de l'attraction universelle et donne la théorie des miroirs ardens (*), enseignait les mathématiques à Avignon, lorsqu'il fut nommé professeur de l'académie impériale de Vienne. Il ne quitta qu'à regret, comme on le voit dans la préface de ses *Primitiæ gno-*

(*) Vid. *Mundus magneticus et Magia catoptrica Kircheri.*

savans qui échappent à ma mémoire, se firent connaître par leurs ouvrages, ou enseignèrent dans nos chaires les sciences et les lettres tellement unies à la

monicæ, ouvrage imprimé à Avignon en 1635, un climat si favorable à l'Astronomie, qu'il le nomme *Ægyptiacum cælum cælestiarum phænomenorum observationi faventissimum*. Kircher, entre autres projections uranographiques, traça à la tour du collége son *Horologium Avenionense astronomico-catoptricum (Soc. Jes.) in quo totius primi mobilis motus, reflexo solis radio, demonstrabatur* (*). L'ouvrage que je viens de citer est dédié à MM. Cambis d'Orsan, Siffredi et Carré, consuls; Sylvestre étant assesseur d'Avignon. Il remercie ces magistrats de leurs témoignages d'affection, en ajoutant ces paroles remarquables : *In vestra republica Avenionensi qua modo fungimini dignitate et magnificentia, quæ est veluti reflexus quidam à Divinitate radius, teste divino Platone, principes magistratusque gubernantis Dei similitudinem esse asserente, et reverà sic est.*

(*) J'ai trouvé dans la même tour cet *Horologium* et d'autres figures de ce genre, qui mériteraient d'être restaurées avec soin.

morale, qu'elles ne faisaient pour ainsi dire qu'un tout inséparable.

D'ici sortirent encore des capitaines aussi distingués par leurs talens que par leur sang-froid et leur courage. Qu'il me suffise de citer le Brave des Braves, qui unissait à une charité sans bornes ce que le dévouement a de plus généreux, l'amitié de plus sublime et la valeur de plus héroïque.

D'autres se distinguèrent, soit en transmettant dès la fin du XVme siècle, à l'aide d'un art propagateur, les pensées de leurs contemporains à la postérité (1), soit en cultivant les arts et en

(1) Le hasard nous a fait trouver dans un viel in-4° de la Bibliothèque publique d'Avignon quelques feuilles d'un livre imprimé dans cette ville en 1497, chez Nicolas Lepe, intitulé : *Luciani Palinurus*, dédié à Clément de Ruvère, évêque et vice-légat d'Avignon. Cet ouvrage est parfaitement exécuté, sur du beau papier, avec des caractères très-nets.

introduisant de nouveaux genres d'industrie ou un commerce nouveau.

Quelques-uns animèrent la toile. Simon de Sienne (Memmi), célèbre artiste d'Italie, chanté par Pétrarque, orna plusieurs murs de peintures qui faisaient naguère l'admiration des connaisseurs. Que dirai-je des Levieux, des Parrocels, des Mignards, des Sauvan, des Perus, des Vernets ?....... Vernet, rayonnant de génie et de gloire au milieu des flots, de la tempête et de la foudre, tandis que les plus intrépides

Dans les premiers temps de l'Imprimerie il n'était pas permis à un Imprimeur français de contrefaire un ouvrage publié à Avignon. On voit à la tête d'un Traité de Sannazar de Ripa, professeur de notre Université, imprimé à Avignon en 1527 chez Jean de Channei, et dédié au célèbre Sadolet, que François Ier se trouvant dans cette ville, accorda à l'auteur un privilége de ce genre, qu'on retrouve dans plusieurs livres du XVIme siècle.

marins pâlissent de crainte !.... Vernet, dont le génie héréditaire produit tous les jours de nouveaux chefs-d'œuvre (1).

Si nous jetons un coup-d'œil sur l'état actuel d'Avignon, tout s'y lie à de glorieux souvenirs. La patrie des Crillons ne possède-t-elle pas dans son sein des braves mutilés ou couverts d'honorables cicatrices, qui se sont distingués dans mille combats ? Nos premiers magistrats, secondant les vues paternelles du Monarque, ne soutiennent-ils pas notre antique renommée par les distinctions qu'ils accordent aux savans et aux artistes ; par des établissemens et des associations utiles que non seulement ils fondent et protègent, mais dont ils partagent les travaux ?

---

(1) Les tableaux dont MM. Carle et Horace Vernet embellissent le Muséum *Calvet*, attirent tous les jours les regards des connaisseurs.

Des Écoles publiques de Dessin, d'Architecture, de Chimie, des Sociétés savantes, un Jardin de Botanique, un Musée, une Bibliothèque, reprennent pour ainsi dire une nouvelle vie. Une Salle d'honneur ouverte à nos jeunes artistes excite leur zèle. L'un d'eux, marchant sur les traces des Canova et de Bosio, mérite déjà des applaudissemens précurseurs du triomphe.

Nous devons au Magistrat qui féconde toutes les branches de son administration, l'établissement d'une *Société des Amis des Arts*. Puisse-t-elle être aussi utile à Avignon que celle fondée à Genève, sous la même dénomination, par le célèbre de Saussure ! Que ne peut un homme dont l'esprit conciliateur et les graces séduisantes sont toujours inséparables !

Le sexe même, ce sexe consolateur pour lequel la charité est un besoin, ne consacre-t-il pas, d'après une impulsion pieuse, active et soutenue, même dans un âge dont l'inexpérience pourrait excuser les vains amusemens, son industrie, ses soins, ses épargnes au soulagement du pauvre et à l'éducation de l'orphelin ? Graces soient rendues au respectable Pontife dont le zèle fait oublier l'âge ! Ses conseils et ses exemples, joints au secours de ces hommes apostoliques si prompts à le seconder, cimentent une alliance indispensable entre nos institutions civiles et la Religion sainte sans laquelle les peuples abandonnés du Ciel, livrés à un délire impie et à un brutal instinct, ne trouvent jamais de consolation dans leurs misères, ni de vrai bonheur dans leur apparente prospérité.

NOTICE

SUR AVIGNON (1).

La ville d'Avignon, une des premières de la Gaule méridionale, appartenait à la province des Cavares. Elle établit par le commerce des relations avec Marseille fondée par les Phocéens six siècles avant J. C., ce qui a pu faire croire aux écrivains du moyen âge et d'après eux à nos contemporains, qu'elle avait appartenu à cette république.

---

(1) Cette Notice sur Avignon aussi courte que possible m'a paru nécessaire pour donner, en faisant suite à mon Panorama, une idée des révolutions, des troubles et des orages de toute espèce qu'a dû éprouver notre ville à la suite des nombreux gouvernemens auxquels elle a été soumise.

Obligée d'appeler les Romains à son secours pour se défendre elle-même contre ses voisins, Marseille pouvait-elle avoir des possessions sur la rive droite de la Durance? Strabon, qui dans le 4me livre de sa Géographie, entre dans mille détails relatifs à cette ville et à ses dépendances, aurait-il gardé le silence sur un point aussi capital?

Quoi qu'il en soit de ces temps reculés, dans lesquels on ne peut substituer que des conjectures au silence des historiens, il est incontestable qu'environ un siècle avant notre ère, Avignon fit partie de l'empire romain. Ptolémée lui donne le titre de colonie (1); Pline la met au rang des villes latines (2); et Pomponius la cite comme la troisième de la Gaule Narbonnaise (3). Elle passa

---

(1) Ptolom. *Geogr. lib. II. cap.* 10.
(2) Plin. *Hist. nat. lib. III. cap.* 4.
(3) Pomp. Mela, *de sit. orb. lib. II.*

successivement sous la domination des Goths, des Bourguignons, des Ostrogoths et des rois d'Austrasie. Assiégée vainement par Clovis (1), elle fut regardée comme le boulevard de la Provence. Charles-Martel la prit cependant aux Sarrasins, qui n'avaient pu s'en emparer que par la trahison du duc de Mauronte (2).

J. C.
428
450
500
534

740

Soumise aux Carlovingiens, elle fit partie du royaume d'Arles, et devint un peu plus tard la capitale du marquisat de Provence. Après de longues contes-

880

---

(1) Greg. Turon. *Hist. Franc. lib. II. cap.* 32.
— *Hist. rerum Franc. ex Ms. codic. Eccl. Cameracens. cap.* 16.
(2) Fredeg. Schol. *Chron. c.* 109.
— *Epitom. c.* 68.
Annonius *vel* Aimonius, *De Gest. Franc. lib. IV. c.* 57.
Gaguin, *De Gest. Franc. lib. III.*
P. Emil. *Hist. Franc. lib. II.*
Blondus, *Hist. Decad.* 1. *lib. X.*

J. C. tations entre les comtes de Toulouse et de Barcelone qui ne voulaient pas céder l'un à l'autre une place si importante,
1125 ils se la partagèrent. Mais comme ils n'étaient pas assez forts pour faire valoir leurs droits et contraindre les habitans de leur obéir, cette ville se déclara
1135 République impériale.
1226 Louis VIII l'assiégea (1), parce qu'une partie de ses habitans, à l'exemple de Raimond, comte de Toulouse, avait embrassé la cause des Albigeois, et ne la prit qu'au bout de trois mois, après avoir perdu dans ce siége plus de 22000 hommes, d'après Matthieu Paris, historien de ce siècle, et un bien moins grand nombre, d'après d'autres auteurs.

(1) Mat. Paris, *Hist. major.* Londin. 1571, ad ann. 1226, pag. 445.
Guill. Brito, *De gest. Lugdov.* ann. 1226.
Gaguin, *De gest. Franc. lib. VII.*
Paul Emil. *lib. VIII.*

Louis mit un impôt très-onéreux sur cette ville, l'obligea de détruire ses palais, ses fortifications et ses remparts (1), mais il ne changea rien à la forme de son gouvernement.

Affaiblie par ces revers, il devint plus

---

(1) « Les anciens murs d'Avignon estaient doubles et sont demeurés entiers, quasi tous les portaux doubles avecque les vielles lices belles et spacieuses entre deux. En la seconde porte étaient les armoiryes de Charlemagne et dessous cette inscription et ces vers :

» CAROLVS MAGNVS FVNDATOR
» ECCLESIAE AVENIONENSIS.

» *Avenionaei surgunt mea munera templi,*
» *Faecimus haec, posthac haec tueare nepos.*

» Nous avons en l'archive de la Ville la sentence authentique donnée à Paris par St. Louis et le cardinal St. Ange, légat, le 4 janvier 1226, contre Avignon, où sont contenues de grièves peines, et nommément que les doubles murailles seront abattues avec trois cents des plus fortes maisons ». (Valadier, *Labyrinthe Royal*).

J. C. aisé aux comtes de la soumettre. Elle
1251 fut en effet contrainte de leur obéir (1).

Ceux-ci reprirent alors les droits qu'avaient leurs prédécesseurs en vertu de leur acte de partage, et ne laissèrent aux Avignonnais qu'une ombre de leur gouvernement respectif.

Charles I, comte de Provence et roi de Naples, déjà maître de la moitié d'Avignon, le devint encore de l'autre moitié qui lui fut laissée par l'unique héritière des comtes de Toulouse. Malgré ce titre légitime, Philippe le Hardi s'empara de cette moitié, que Philippe le Bel rendit à Charles II, roi de Naples et comte de Provence, qui devint seul maître de cette ville, partagée entre deux puissances depuis 1125.

La reine Jeanne, héritière, après la

---

(1) Vid. *Conv. civitat. Avenion. cum suis tunc Dominis; in Statut. inclytæ civit. Avenionis.*

mort de son mari, des rois de Naples, J. C.
comtes de Provence, la vendit à Clé- 1348
ment VI. Les successeurs de ce pontife
la possédèrent depuis sans interruption
pendant plusieurs siècles (1), jusqu'à
l'époque où sous Louis XIV, le parlement
de Provence rendit un arrêt portant la 1663
réunion de la ville d'Avignon et du
Comtat-Venaissin au domaine de Sa
Majesté. Cet arrêt, suspendu par le
traité de Pise, fut reproduit et mis en 1664
exécution le 4 octobre 1688, époque où
le roi *prit la réelle et actuelle possession*
d'Avignon et du Comtat, et les garda jusques au 20 octobre 1689. Alors ce pays,
pour emprunter les expressions de la

---

(1) L'autorité *spirituelle* n'avait pas attaché
moins d'importance que l'autorité *civile* à la possession d'Avignon, car le concile de Bâle, tenu
en 1437, décréta de n'aliéner jamais cette ville,
qu'il mit sous sa sauvegarde spéciale et sous celle
de l'Eglise.

7

J. C. lettre du roi au comte de Grignan, lieutenant-général en Provence, *fut mis au même état qu'il était avant le mois de septembre* 1688.

1768 Cette ville, reprise par Louis XV, fut encore rendue peu de temps après aux souverains pontifes qui la gouvernèrent jusqu'à une époque où l'on ne connut d'autres lois que celles de la violence et de la terreur. Tandis que des séditieux y insultaient à l'autorité pontificale, Pie VI, dont les vertus surpassent celles des meilleurs princes, envoyait à ses frais des navires chargés de bled pour soulager Avignon dans une cruelle disette. De pareils exemples de bonté doivent être gravés dans tous les cœurs et ne point échapper à l'histoire. Les vers suivans, que nous devons à Delille, caractérisent Pie VI.

> Pontife révéré, Souverain magnanime,
> Noble et touchant spectacle et du monde et du ciel,

Il honore à la fois par sa vertu sublime
Les malheurs, la vieillesse, et le trône et l'autel.

Quelle rapide succession d'événemens inattendus et de crises funestes depuis cette époque déplorable ! Que de constitutions éphémères ! que de bourreaux ! que de victimes ! Après tant de luttes sanglantes, tant de dissensions intestines, tant de prétentions séditieuses, la ferme volonté d'un seul asservit mille tyrans ; nos Brutus deviennent des Narcisses, et l'anarchie disparaît devant la force.

Bonaparte, profitant d'une expérience meurtrière, cimente d'abord son pouvoir par une autorité supérieure. Il impose silence aux factieux, se moque du culte philantropique, réprime le scandale, bâillonne l'athée, s'oppose à la licence des écrivains et à la propagation des écrits contre l'autel et le trône. Il comprend que le pouvoir légitime ou usurpé, paternel ou despotique, ne peut s'établir que sur des lois supérieures à l'humaine législation. Il ouvre les temples, relève les autels, tout cède à son inflexible et constante volonté. La France, ivre de liberté, obéit en esclave. Entraînée par la gloire comme elle l'était par une féroce licence, elle porte rapidement au dehors les armes dont elle déchirait son sein. Bonaparte se multiplie, il est partout, rien ne lui résiste, tous les trônes sont ébranlés à la fois. L'Italie, la Suisse, l'Allemagne, la Prusse, l'Espagne, la Pologne, passent sous le joug. L'Angleterre alarmée, n'osant plus compter sur sa fallacieuse politique, tremble pour ses propres foyers. L'Allemagne achète par un grand sacrifice un instant de repos. La Russie met tout son espoir dans la rigueur destructive de son climat. Bonaparte est maître de tout hormis de lui seul. Mais sa haute puissance n'est que l'éclair. La foudre gronde ; un désastre inouï efface en huit jours quinze ans de triomphes, réveille l'Europe, abat le conquérant, étonne la France. Il se relève, retombe encore ; sa double chute est plus prompte que ses victoires, et le téméraire qui regardait le monde civilisé comme un théâtre trop étroit pour sa gloire, n'a bientôt, sous une zone orageuse et brûlante, pour témoins d'une vie obscure, que l'orgueil insolent de ses maîtres, une garde vigilante, des rochers arides et l'horreur des tempêtes......

La France semblait avoir été conduite à l'obéissance la plus absolue, pour mieux ressentir les douceurs d'une autorité paternelle. Louis, remonté sur le trône de ses glorieux ancêtres, pouvait assurer seul la paix à l'Europe et surtout à la France....... Après un quart de siècle d'agitations, de désordres et d'essais toujours funestes, puissent des Souverains qui ne respirent que la bonté, goûter sans interruption les douceurs d'un long calme ! Puissent tous les Français ne rivaliser que d'amour pour le Roi et la Patrie ! Puissent ceux que séduisent encore de vains systèmes, revenus de leurs illusions, éclairés par une expérience terrible, entendre la voix d'une liberté sage et légitime, comme nos fidèles guerriers ont entendu naguère, au-delà des Pyrénées, celle du devoir et de l'honneur !

PRINCIPAUX MONUMENS

D'AVIGNON ;

CURIOSITÉS QU'ILS RENFERMENT.

Après avoir donné dans mon Panorama l'idée d'un ensemble qui offre un grand intérêt, je crois faire plaisir à mes lecteurs en leur indiquant les monumens remarquables que renferme notre ville, et les objets les plus dignes de fixer leur attention.

Avignon possédait avant 1793 beaucoup d'édifices construits dans les XIV, XV et XVIme siècles. On y voyait des églises, des chapelles, des cloîtres, des tombeaux, des statues, des peintures très-remarquables. Les bibliothèques, ainsi que les archives des couvens, renfermaient des livres rares, des manuscrits précieux et des chartes très-anciennes, dont il ne nous reste pas même des copies. De tant d'objets intéressans sous le rapport des arts ou de l'histoire, nous ne pouvons en indiquer qu'un petit nombre échappés par hasard à une aveugle fureur, et encore la plupart portent le sceau d'une restauration moderne : le fer et la flamme ne nous ont presque laissé que des ruines et de la cendre.

Quis furor, ó cives ! quæ tanta licentia ferri ?
  LUCAN. Pharsal.

Plusieurs jours suffisaient à peine pour examiner ce que nos murs renfermaient d'intéressant, mais il n'en est pas de même aujourd'hui ; et si j'en excepte notre Muséum qui mérite d'être vu en détail, et de fixer l'attention des curieux, on peut connaître dans quelques heures ce que les modernes Vandales n'ont pas eu le temps d'anéantir.

Je vais indiquer ces restes précieux, en les classant dans l'ordre le plus favorable pour éviter au voyageur des courses multipliées.

C'est à la porte de l'*Oule* que se trouvent les bureaux des Diligences, la Poste aux chevaux, les meilleures auberges. Elle sera mon point de départ.

Les édifices et les objets qui méritent le plus d'attention vont être cités, non d'après l'ordre de leur importance, mais d'après celui qui peut abréger le temps qu'on mettrait pour aller de l'un à l'autre, si l'on ne suivait cette espèce d'itinéraire.

PALAIS DES PAPES.

On passe, en montant sur le rocher des *Dons* ou *Doms*, devant l'ancien Palais des souverains Pontifes bâti dans le XIVme siècle à diverses époques et par plusieurs d'entre eux (1). L'aspect de cette masse informe étonnera l'étranger; et s'il visite son intérieur, il ne verra pas sans surprise l'épaisseur des murs, la grandeur des cours, la hauteur des salles, leur architecture gothique, des passages sombres et détournés, de nombreuses voûtes portées les unes sur les autres, de belles et vives peintures à demi effacées, etc. etc. Il ne pourra s'empêcher de réfléchir profondément sur les vicissitudes des choses humaines, sur l'effet des révolutions et les changemens incroyables qu'entraînent les siè-

---

(1) Clément V, Jean XXII, Benoît XII, Clément VI, Innocent VI, Urbain V, Grégoire XI, siégèrent dans notre ville depuis 1309 jusques en 1377. Je ne parle pas de Clément VII et de Benoît XIII, pontifes qui n'ont pas été unanimement reconnus, et qui ont résidé à Avignon jusques en 1403.

Vue de l'ancien Hôtel des Monnoies.

cles. Verrait-il avec indifférence l'antique palais des Souverains transformé en prisons, en magasins et en casernes?

Ce vers de Racine le fils,

Ci-gît Lacédémone, Athènes fut ici,

peut s'appliquer à tous les ouvrages de l'homme. *Ces masses indestructibles qui ont fatigué le temps* passeront, et leurs débris, comme ceux de Babel, se perdront un jour dans les sables du désert.

HÔTEL DE LA MONNAIE.

J'ai déjà parlé, page 46, de l'Hôtel de la Monnaie, en face de la principale entrée du Palais. Il sert aujourd'hui de logement à la Gendarmerie.

ANCIEN ARCHEVÊCHÉ.

Au fond de la place du Palais se trouve l'ancien Archevêché (1), dont la situa-

(1) Sixte IV érigea, le 21 novembre 1474,

tion est des plus heureuses : la vue du côté du fleuve n'a rien qui l'égale. Si dans Avignon un bâtiment semble construit pour un Musée, c'est sans doute celui-ci, où chaque fenêtre offre un tableau ravissant.

ÉGLISE DE LA MÉTROPOLE.

On arrive à l'Eglise métropolitaine par des rampes ou par un grand escalier. La fondation de cette Basilique remonte aux premiers siècles du christianisme. Construite sur les débris d'un temple païen, elle avait été renversée plusieurs

---

l'Eglise d'Avignon en Archevêché (lui donnant pour suffragans les évêques de Carpentras, Cavaillon et Vaison qui auparavant, ainsi qu'Avignon, l'étaient de l'Archevêché d'Arles), parce que, est-il dit dans la bulle, les Papes ont fait un long séjour à Avignon, ville distinguée par son clergé, l'urbanité de ses habitans, son palais apostolique, sa célèbre Université, etc. etc.

fois par les Barbares, lorsque Charlemagne la fit rebâtir.

Innocent VI, Urbain V et Grégoire XI ont été sacrés dans cette église, qui renfermait le tombeau de Benoît XII, celui de plusieurs cardinaux, de nos archevêques et un très-grand nombre d'épitaphes. On y voit encore le mausolée de Jean XXII, ainsi que la tombe du brave Crillon et de son illustre famille.

La chapelle de la Résurrection que fit bâtir l'archevêque Libelli vers 1680, est un chef-d'œuvre de sculpture. Un mausolée sur lequel un squelette écrit ces mots : HIACINTHVS LIBELLI ARCHIEPISCOPVS AVENIONENSIS, s'y faisait remarquer. Ce pieux archevêque venait méditer sur la mort en face de la tombe qui devait renfermer sa cendre.

Dans la chapelle (dite des Tailleurs), au-dessous d'une chaire fort simple sculptée dans le mur, on lisait cette inscription :

SEDES SVMMORVM PONTIFICVM QVI AB AN. M.CCC.VII. PER PLVS QVAM LXX. ANN. AVENIONE ALTERA ROMA DEGENTES ORBI CHRISTIANO PRAEFVERVNT.

Le nombre et la beauté des monumens que renfermait l'Eglise métropolitaine, ses décorations, la richesse de son autel et de son trésor, lui donnaient une splendeur digne de cette antique célébrité dont parlent les auteurs de la *Gallia christiana*.

Il ne faut d'ici qu'un demi-quart d'heure pour monter sur la plus grande élévation du rocher. Cet admirable point de vue a été le principal sujet de mon Panorama.

GRAND ESCALIER DE NOTRE-DAME DES DONS..

Près du sommet du Rocher est un

...ong Escalier au bas duquel se trouve, à une distance de deux ou trois cents pas, l'Hospice des Insensés.

HÔPITAL DES INSENSÉS.

J'ajouterai ici à ce que j'ai dit au sujet de cette Maison, page 14, qu'en 1681, le Vice-Légat Nicolini voulut que les insensés de la ville, qui jouissaient alors d'une liberté aussi dangereuse pour eux-mêmes que pour leurs concitoyens, fussent enfermés. On choisit la tour du Vice-Gérent, connue sous le nom de l'Official. Les Pénitens de la Miséricorde, fondés en 1586 par Pompée Catilina, colonel de l'Infanterie du Pape, auxquels Clément VIII accorda l'insigne privilége de délivrer annuellement le 29 août, jour de la Décollation de S. Jean-Baptiste, un criminel condamné au dernier supplice ; ces Pénitens, dis-je, furent chargés de prendre soin et de pourvoir à la subsistance des aliénés, des prisonniers et des condamnés qu'ils n'abandonnaient qu'après leur exécution.

Une pension de 60 écus fut assignée par la Ville aux aliénés. L'archevêque Libelli leur assura aussi, vers 1680, un revenu de quarante-cinq francs.

En 1726, le vice-légat Delci, d'une charité peu commune, surpris de voir ces malheureux dans des lieux plus propres à enfermer des bêtes féroces que des hommes, les fit passer dans l'enclos des Pénitens de la Miséricorde, et offrit cinq cents écus pour jeter les fondemens d'une Maison convenable. Un marchand, nommé Royre, ajouta 1000 francs à cette somme. On construisit alors cinq cellules. La Ville donna 3000 francs pour en bâtir trois autres; peu après, le Comtat 12000 francs, et l'on en eut seize en 1755.

Depuis cette époque, l'Hospice a pris un nouvel accroissement ; il renferme aujourd'hui plus de cent aliénés de tout sexe. Depuis la fin du dernier siècle, une Administration particulière, qui n'a rien de commun aujourd'hui avec la charitable Compagnie des Pénitens, dirige cette Maison.

HÔPITAL SAINTE-MARTHE OU DE RASCAS.

L'Hospice des aliénés est voisin de la porte de la Ligne, située en face du Rhône et des collines du Languedoc. On peut faire une agréable promenade de demi-heure en remontant ce fleuve pour rentrer par la porte Saint-Lazare, près de l'Hôpital général, édifice très-remarquable sous les rapports de son architecture et de sa grandeur.

Cet Hôpital fut fondé en 1353, par Bernard de Rascas, sous le titre de Sainte-Marthe. Ce bienfaiteur donna

10000 florins d'or pour cette dépense. Voulant joindre les secours spirituels aux secours physiques, il fonda l'année suivante le Couvent des Trinitaires pour les administrer. Une bulle d'Innocent VI, du 28 juillet 1354, datée d'Avignon, sanctionna ces deux fondations. Divers particuliers augmentèrent ensuite les revenus de cet établissement, entre autres le brave Crillon. Il renferme de vastes salles et de grandes cours ; des jardins spacieux l'entourent.

Depuis 1671 (je ne parle pas de cet incroyable intervalle où la France ne fut qu'un enfer), les Religieuses, sous la règle de St-Augustin, étrangères à toute distraction extérieure, qui ne connaissent que leur cloître et les salles où la douleur attendant la misère gémit à côté de la mort, remplissent avec le même empressement les plus nobles comme les plus dégoûtantes fonctions, et donnent sans cesse aux malades de tout sexe et de tout âge (il faut en excepter la première enfance), ces soins assidus, maternels et délicats, ces pieuses consolations que la sagesse humaine conseille, mais que la charité seule prodigue.

Quelle angélique philosophie est celle de ces Sœurs compatissantes, aimant mieux mourir victimes de leur zèle au milieu d'une infection contagieuse, que d'expirer sous le toit paternel !.......
Qu'elle est loin de cette antique et froide sagesse qui, tout-à-fait étrangère à l'idée de semblables vertus, n'avait le plus souvent pour base que l'égoïsme, l'orgueil, la singularité, ou un vain fantôme de gloire !

Médecin de l'Hôpital de Ste-Marthe, témoin assidu de tant de privations et de tant de dévouement, voulant exprimer quelquefois ce qui me semblait surhumain, mais manquant d'expressions assez énergiques, je n'ai pu qu'admirer et me taire !

Le fondateur Rascas joignait à des vertus toutes chrétiennes et à une charité sans bornes les talens de poète. Troubadour distingué, après avoir chanté les plaisirs tumultueux d'une jeunesse orageuse et folâtre, il écrivit dans un âge mûr des vers remplis de pieuses maximes. En voici, dont il est l'auteur, qu'on lisait dans la Chapelle des Hommes, à côté de l'autel : ils sont en langue provençale.

Toutou causou mourtalou uno fes perira,
Hors de l'amour de Diou que toujour durara.
Tous nostei corps vendran eissuchs coumo faleska,
Lous aubre laissaran lour verdour tendrou et freska,
Les ouselets des boses perdran lou cant subtiou,
E non s'ousira plu lou roussignou gentiou.
Lous buols al pastourage e las blancas fedatas
Sentran lous agulhous de las mortal sagettas.
Lous crestas d'Arles fiers, reinars e loups espars,
Cabrols, cervix, chamous, senglars de toutou pars,
Lous ours hardis e forts saran poudrou e arenou;

Lous douphins dins la mar, lou toun et la baleinou,
Moustres impetuous, riaumes e comptas,
Lous princes e lous reys sarau per mouart domtas;
E noula ben eisso, chascuus : la terrou grandou,
(Ou l'Escriturou ment) lou firmamen que brandou,
Prendran autrou figurou. Enfin tout perira,
Hors de l'amour de Diou que toujour durara.

Voici la traduction de ces vers, tirée de l'Histoire de Provence par Nostradamus.

Toute chose mortelle à la fin périra,
Hors de l'amour de Dieu qui toujours durera.
Nos corps viendront plus secs que l'amorce plus sèche,
Les arbres quitteront leur verdeur tendre et fraîche,
Les oiselets des bois perdront leur chant subtil,
Et plus ne s'entendra le rossignol gentil.
Les taureaux aux pastis, les ouailles blanchettes,
Sentiront l'aiguillon des mortelles sagettes.
Les crestats d'Arles fiers, reinards et loups épars,
Chevreuils, cerfs et chamois, sangliers de toutes parts,
Les ours hardis et forts seront poudre et arène,
Les dauphins en la mer, le thon et la baleine,
Monstres impétueux, royaumes et comtés,
Les princes et les rois seront par Mort domptés;
Et notés bien ceci, chaqu'un : la grande terre,
(Ou l'Ecriture ment) le firmament qui erre,
Prendra autre figure. Ainsi tout périra,
Hors de l'amour de Dieu qui toujours durera.

Pourquoi, me suis-je souvent demandé, tant de cœurs compatissans, tant de bienfaiteurs de l'humanité ont-ils multiplié les fondations en faveur du pauvre dans les siècles que nous vouons dédaigneusement à l'ignorance, aux préjugés et à l'erreur, et dont nous affectons sans cesse de relever les vices plutôt que d'indiquer les vertus ?.... C'est que le doute, l'indifférence, l'orgueil, une philosophie sceptique, opposent, parmi nous, à l'antique foi de nos pères un obstacle que leur docile croyance et leur humble soumission leur faisaient éviter. (Je ne dois point mettre en ligne de compte ces temps déplorables où la religion de paix servait de prétexte aux plus affreuses représailles et aux horreurs qu'elle proscrit). On observe dans les annales des peuples civilisés de ces périodes d'horreur, de ces intervalles homicides où les lois divines et humaines sont plongées dans un léthargique sommeil..... Ce n'est point ici le lieu de développer mon idée ; je dirai seulement que le caractère distinctif des derniers siècles, les mœurs et les habitudes du nôtre, peuvent s'expliquer d'après la *foi* et le *sentiment* opposés au *scepticisme* et à l'*indifférence*.

TOMBEAU DE LAURE.

La magnifique voûte des Cordeliers, chef-d'œuvre dont la hardiesse faisait l'admiration des architectes, n'existe plus ; avec elle a disparu le Tombeau de Laure. Nous ne connaîtrions pas même la place qu'il occupa, si un cœur sensible n'avait pris soin d'en indiquer la position.

O Laure ! si la pierre funèbre qui protégeait ta cendre ; si les armes de ta noble famille ne se retrouvent plus ; si des barbares ont dispersé tes froides reliques, la lyre harmonieuse de **Pétrarque**, qui résonne dans tous les cœurs, a érigé à tes vertus et à tes charmes un monument que les révolutions humaines ne détruiront jamais !

On voyait dans une chapelle presqu'en face du Tombeau de Laure, un Cénotaphe érigé à la mémoire du brave Crillon, sur lequel on lisait :

CI-GIT LOUIS BERTON DE CRILLON SURNOMMÉ LE BRAVE. CONSEILLER D'ESTAT, CHEVALIER DES ORDRES DU ROY, MESTRE DE CAMP DU RÉGIMENT DES GARDES, GOUVERNEUR DE BOULOGNE, DU BOULENOIS, DE TOULON ET DE TOURS, LIEUTENANT-COLONEL DE L'INFANTERIE FRANÇOISE.

PASSANT, L'HISTOIRE T'EN DIRA DAVANTAGE ; IL MOURUT LE 2 DÉCEMBRE M.DC.XV.

Amat de Graveson, dans sa *Vie du brave Crillon*, dit de ce héros : *Dùm viveret terror fuit ecclesiæ hostium, Gallarum deliciæ et clypeus, Religionis vindex, pater Patriæ, pauperum, pupillorum et viduarum protector ac beneficus adjutor, omnibus gratus et amabilis....
.... Pauperes luxerunt amantissimum patrem ; milites potentissimum et dilectissimum ducem ; cives Avenionenses patronum munificentissimum et intrepidum defensorem.*

Dans la même église était le Tombeau du célèbre Folard, avec cette inscription :

NOBILI JOANNI CAROLO DE FOLARD AVENIONENSI, LEGIONIS PICARDIÆ TRIBUNO, OPPIDI ET ARCIS BORBOURG IN FLANDRIA REGIA PRÆFECTO, etc. DOCTISSIMO FORTISSIMOQUE MILITI, MANSUETO CIVI,

PROBISSIMO VIRO, PATRUO CLA-RISSIMO ET CHARISSIMO, HÆRES EX ASSE HUBERTUS DE FOLARD REGIS CHRISTIANISSIMI LEGATUS APUD GERMANOS H. M. M. P. OBIIT AVEN. A. R. S. H. 1752 MARTII 23. ÆTATIS SUÆ 83.

Folard, est-il dit dans le *Dictionnaire historique* de Chaudon et Delandine, né à Avignon le 13 février 1669 d'une famille noble, aussi bon français qu'excellent capitaine, avait étudié toute sa vie l'Art militaire en philosophe. Il donna des leçons au comte de Saxe : un tel élève dit plus en faveur d'un maître qu'un long panégyrique.

Folard exposa ses découvertes dans ses Commentaires sur Polybe en 6 vol in-4.º, réduits en 3 par un homme du métier. Il a su puiser dans les sources les plus cachées tout ce qu'il a cru propre à nous instruire, et l'a exposé avec beaucoup d'intelligence. S'il eut de grands talens, il n'eut pas moins de vertus.

AUMÔNE GÉNÉRALE.

Près des Cordeliers est l'Aumône générale, fondée en 1541 par les Consuls et la Ville d'Avignon à l'époque d'une cruelle disette. Cet établissement ne fut d'abord qu'un Bureau où l'on s'assemblait pour chercher les moyens de soulager l'indigence. En 1592, on acheta une maison rue *des Lices*. Benoît XIV assigna annuellement 10000 francs pour l'entretien des pauvres : la ville et des particuliers donnèrent aussi des sommes considérables. On lit sur cet édifice l'inscription suivante :

D. O. M.
ÆDIBUS PAUPERUM, ÆRE PUBLICO
PATERNA SUMMI PONTIFICIS

BENEDICTI XIV BENIGNITATE
REFECTIS
RECTORES POSUERE
A. D. MDCCLIV.

BÉNÉDICTINS DE SAINT-MARTIAL.

Ce Monastère, ancien palais du roi de Mayorque, devint ensuite celui de Louis prince de Tarente, et de Jeanne reine de Jérusalem, de Naples et de Sicile. Il fut bâti sous leur nom, en 1346, par Hugues de Baux qui exerçait pour eux la charge de Sénéchal en Provence. Après l'achat d'Avignon par Clément VI, Urbain V le donna, en 1363 aux Religieux de Cluny. Quelques années après la destruction de cet Ordre le Musée y fut établi.

L'Eglise des Bénédictins de St-Martial avait trois nefs. Sacrée en 1486, elle renfermait plusieurs tombeaux remarquables par leurs décorations, la beauté des statues, la richesse et le goût des ornemens.

Tous ces chefs-d'œuvre ont été détruits et ont servi à exhausser le sol de cette église. On trouverait probablement des têtes et des torses dignes d'être conservés, si l'on fouillait sous le pavé actuel à quelques pieds de profondeur.

Un Mausolée en marbre blanc, qui s'élevait jusqu'à la voûte, passait pour un des plus remarquables de nos contrées. Il représentait les principaux mystères de J. C. et de la Ste Vierge. On y lisait dans le bas, entre la statue du cardinal de la Grange et le squelette nommé vulgairement le *Transi*, regardé comme un chef-d'œuvre de sculpture, l'inscription suivante en lettres très-difficiles à lire :

SPECTACVLVM FACTI SVMVS MVNDO, VT MAJORES ET MINORES IN NOBIS CLARE PERVIDEANT AD
9..

QVEM STATVM REDIGENTVR NEMINEM EXCIPIENDO CVJVSVIS STATVS SEXVS VEL AETATIS. ERGO MISER CVR SVPERBIS ! NAM CINIS ES, ET IN CADAVER FOETIDVM CIBVM ET ESCAM VERMIVM AC CINEREM SICVT ET NOS REVERTERIS.

Cette épitaphe me rappelle le passage suivant d'Hervey :

« Mortel, rachète le temps ; mets à
» profit l'instant que tu respires : tu
» touches aux bords de l'éternité ; tu
» vas bientôt devenir ce que sont ceux
» que tu contemples ici ! »

On voyait en face de ce monument le Tombeau de l'abbé de la Coste de Simiane, mort en 1688. Un ange y embouchait une trompette sur laquelle étaient écrits ces mots :

SURGITE MORTUI, VENITE
AD JUDICIUM.

Le clocher et la partie extérieure du chœur, remarquable par sa structure, ses ornemens et ses grandes croisées, forment un ensemble qui n'a point échappé au crayon des connaisseurs.

L'intérieur de cet édifice mérite aussi quelque attention. Quoique les ornemens de sa voûte ne donnent qu'une faible idée de ce qu'on a détruit, on les voit encore avec cet intérêt particulier qu'inspirent l'état des arts dans chaque siècle, et le souvenir des mœurs des temps qu'ils retracent. Ces ornemens, dis-je, sont les uniques restes d'une riche Basilique qui eût été dans nos contrées le plus précieux monument du XVme siècle, et qui eût formé seule une collection des plus intéressantes et des plus curieuses.

Le Cloître des Bénédictins, bâti en 1520, qu'on eût pu restaurer il y a quelques années, s'écroule aujourd'hui de tous côtés. De tant d'édifices de ce genre et de cet âge renfermés dans nos murs, c'est le seul qui nous reste, et encore n'en aurions-nous bientôt qu'un vague souvenir, si M. le baron de Montfaucon, qu'on cite toujours avec éloge surtout lorsqu'il s'agit des arts, n'en conservait une copie fidèle peinte par M. Clarian, jeune artiste, qui dans ce genre de dessin, marche sur les traces de Granet.

MUSÉUM CALVET.

C'est dans trois ou quatre salles, dont le salpêtre et l'humidité rongent sans cesse les murs, que sont entassées nos Collections. Puissent les vœux de nos premiers Magistrats, de l'Administration *Calvet* et de tous les amis des lettres se réaliser incessamment ! Alors un local convenable assurerait la conservation d'une foule d'objets qui se dégradent.

Des Médailles rares et d'une belle conservation, une foule d'objets antiques de toute espèce, une Bibliothèque qui renferme des ouvrages magnifiques, des Tableaux remarquables, un Cabinet naissant d'Histoire Naturelle, composent notre Musée, auquel la Ville reconnaissante a donné le nom de *Calvet*, parce que ce médecin estimable en est non seulement le Fondateur, mais a laissé des revenus pour son entretien et son accroissement. Ce n'est pas l'unique amour des sciences et des lettres qui a dirigé Calvet ; il a été guidé par de plus nobles sentimens et de plus grandes pensées. Quand il a pris des moyens pour soulager à perpétuité des pauvres et des vieillards, il semble avoir indiqué par-là que la charité doit être inséparable des lumières, comme il a voulu que l'instruction qu'on puiserait dans sa

Bibliothèque le fût aussi des principes conservateurs (1).

JARDIN DE BOTANIQUE.

Quoique très-circonscrit, ce Jardin renferme plus de 6000 plantes, arbres ou arbustes différens. Il fut fondé sous la Mairie de M. de Bertrand, qui daigna m'en confier le soin. Après y avoir

---

(1) Je renvoie à la fin de cet Ouvrage une Notice sur le Muséum, due presque en entier à M. Binon, principal employé de cet Etablissement, recommandable sous les rapports de sa complaisance et de son instruction. A part quelques notes sur les Inscriptions antiques, je n'ai fait à son manuscrit que de très-légers changemens.

Les personnes qui désireraient connaître d'autres détails sur Calvet et ses Ouvrages, ainsi que sur Avignon considéré sous les rapports du climat et de la météorologie, les trouveront dans la *Vie de Calvet*, et dans mes *Mesures barométriques* suivies d'un *Précis de la Météorologie d'Avignon*, par l'auteur de ce *Panorama*.

donné quelques leçons de phytologie médicale, je priai M. Requien d'en accepter la direction ; je m'en applaudis d'autant plus qu'il ne pouvait être confié à un Botaniste plus instruit et plus communicatif. Ses nombreuses Collections et sa précieuse Bibliothèque appartiennent autant à ses amis et au public qu'à lui-même. Il a découvert dans ses voyages un grand nombre d'espèces nouvelles bien caractérisées. Sans prétention, d'une complaisance rare, éloigné de ces petitesses qui dégradent quelquefois le savant, il semble ne s'être occupé de Botanique que pour avoir le plaisir d'orner nos bosquets et nos parterres des plantes utiles et des plus belles fleurs.

M. Requien, qui n'est étranger à aucune science, possède la plus riche et la plus intéressante Collection de nos provinces. Son recueil de plantes renferme près de 25000 espèces.

HÔTEL DES INVALIDES.

L'ancien Couvent des Célestins, joint au Noviciat des Jésuites dont l'église, achevée de bâtir en 1620, fut dédiée à St. Louis, forment un magnifique Hôtel qui nous retrace celui que la capitale doit à Louis XIV. On observe ici la même surveillance, le même ordre, la même police que dans le dernier. Les salles en sont spacieuses, bien éclairées ; les chambres commodes, les corridors larges et aérés. On ne peut entrer dans cet Hôtel sans observer la propreté qui y règne, et la bonne tenue des militaires dont les mutilations et les blessures retracent tant de combats et tant de bravoure.

Le Jardin ouvert au public est remarquable par la beauté de ses vieux ormeaux et la longueur de ses avenues.

On est frappé, en y entrant, de sa majestueuse grandeur et de sa noble simplicité.

Le Monastère des Célestins, dont ce jardin était une dépendance, retrace un grand nombre de souvenirs religieux et historiques. Clément VII et Charles VI le firent bâtir, en 1393, dans un emplacement où il y avait une chapelle dédiée à St. Michel, et où St. Pierre de Luxembourg, mort à Villeneuve le 2 juillet 1387, fut enterré le 5.

Clément VII, un grand nombre de cardinaux et un duc de Luxembourg furent inhumés dans l'église des Célestins. Le maître-autel en marbre blanc représentait J. C. portant sa croix, accompagné de la Ste. Vierge, de St. Jean et d'une grande foule. Le roi René le donna aux Célestins. Ce monument fut transporté dans une chapelle de Saint-Didier, où on le voit encore. Le Muséum

Calvet en possède l'inscription dont voici une copie :

Siciludum regis hec sunt monumenta Renati
Jusserat hec condam fieri que Karolus heres
Rex pius absolvi voluit que marmore cernis
Tristia cum gemitu Christi spectacula euntis
Ad mortem liceat vobis spectare fideles
Cogitur ecce piis humeris cesusque cruentus
Ferre crucem lassus qua crimina nostra ferantur
Sacrilegasque manus Judee gentis inique
Discite dura pati cunctosque subire labores
Discite Christicole memoresque estote dolorum
Quos Deus ecce tulit sic vos licet esse beatos

ANNO DNI NRI JHV XPI M.CCCC.LXXXI.

On conservait dans une salle des Célestins un grand Tableau qui représentait un squelette de grandeur naturelle peint avec beaucoup de force. A côté on voyait une toile d'araignée qu'il fallait toucher pour se persuader qu'elle n'était pas véritable ; au-dessous on lisait les vers suivans. Ainsi que le tableau ils étaient du roi René ; mais l'ouvrage conservé par des Religieux pouvait-il échapper à la férocité destructive de leurs ennemis communs ?

    Une fois fus sur toute femme belle,
    Mais par la mort suis devenue telle.
    Ma chair estoit très-belle, fraische et tendre,
    Or elle est toute tournée en cendre.
    Mon corps estoit très-plaisant et très-gent,
    Or est hideux à voir à tout gent.
    Je me souloye souvent vestu de soye,
    Or en droit faut que toute nue soye.
    Fourrée estois de gris et menu vair,
    Or sont en moy partout fourrés les vers.
    En grand palais me logeois à mon veuil,
    Or suis logée en ce petit cercueil.
    Ma chambre estoit de beaux tapis ornée,
    Or est d'araigne ma fosse environnée.
    De tous côtés nommée Dame chière,
    Or qui me voit me fait semblant ni chière.
    Maint me louoit qui près de moi passait,
    Or a présent tout le monde se tait.
    Partout estoit ma beauté racontée,
    Or n'en est vent, ni nouvelle comptée.
    Si pense celle qu'en beauté va croissant
    Que toujours va sa vie en décroissant.
    Soit ores, dame, demoiselle ou bourgoise,
    Fasse donc bien tandis qu'elle en a l'oise.
    Ains que devienne comme moi pourvoye telle,
    Car chacun est comme ay esté mortelle.

Quotidie morimur, quotidie enim demitur pars vitæ; et tunc quoque cum crescimus vita decrescit. Senec.

L'orthographe du XVme siècle n'est point exactement conservée dans le manuscrit d'où j'ai tiré les vers du roi René; je les ai copiés tels qu'ils s'y trouvent.

Hervey à qui le même souvenir suggère à peu près les mêmes réflexions, s'écrie avec toute l'éloquence du sentiment :

« Ici, ce front plein de grâces et de
» majesté, cette tête le tableau de
» l'ame, n'est plus qu'un crâne hideux et
» nu. Cette bouche vermeille, ornée
» d'un sourire plein d'attraits, n'offre
» plus qu'un aspect horrible et difforme ;
» et cet œil qui lançait les éclairs du dia-
» mant, et portait la flamme au fond des
» cœurs, qu'est-il devenu ? Où trouver
» l'azur de son globe étincelant ? Et cet
» organe de la pensée, cet instrument
» merveilleux du langage et du chant,

« qui exprimait tous les charmes de
« l'harmonie, ravissait l'oreille de ses
« sons mélodieux, versait la douce per-
« suasion dans les esprits et les passions
« dans les cœurs, il est muet et taci-
« turne comme la nuit qui l'environne !
« Ce beau corps, autrefois mollement
« vêtu de pourpre et de soie, est main-
« tenant rudement froissé entre les
« couches d'un sable anguleux ! Cette
« femme si sensible, qui n'osait poser
« sur le gazon fleuri ses pieds délicats,
« est pressée sous le poids de cailloux
« déchirans !......»

Il ne reste aucune trace du mausolée de Clément VII, placé au milieu du chœur ; une portion de l'église qui avait servi de magasin existe encore, conservée en partie ; mais il n'en est pas de même du pavé qu'on détruisit pour en exhumer les ossemens. Parfaitement restaurée, elle est aujourd'hui la chapelle des Invalides. Sa voûte, bâtie avec solidité, d'une architecture gothique, n'est point sans grace. Elle est ornée d'armoiries et d'autres morceaux de sculpture remarquables par leur netteté et quelquefois par la hardiesse du ciseau.

Si l'on ne voit ici aucun vieux mausolée, ni aucune ancienne inscription, on y remarque un monument modeste, comme le fut l'épouse dont il renferme le cœur, érigé par les Invalides à la femme compatissante qui leur prodigua constamment les soins les plus généreux (1); à celle dont l'amour filial, après

---

(1) Voici les mots gravés sur le marbre placé devant la boite qui renferme le cœur de Mme de Villelume, morte le 15 mai 1823 :

SUR LA TERRE ELLE ETAIT NOTRE MÈRE ;
ELLE EST DANS LE CIEL NOTRE
PROTECTRICE.

LES INVALIDES.

avoir désarmé les bourreaux, ne put fléchir des juges plus féroces : je veux parler de l'infortunée comtesse de Villelume, née de Sombreuil, dont le nom est inséparable de la fidélité, de l'héroïsme et du malheur (1).

COLLÉGE ROYAL.

L'Église du Collége Royal que les Jésuites firent bâtir, remarquable par sa façade d'une imposante architecture,

---

(1) La famille de Sombreuil a été victime des fureurs de la révolution. Le père et son fils aîné furent condamnés à mort par le Tribunal révolutionnaire. Le cadet, nouveau Régulus, qu'on avait laissé partir sur sa parole d'honneur, retourna trois jours après l'affaire de Quiberon, pour se mettre entre les mains de ses ennemis qui, au lieu d'applaudir à ce dévouement généreux, eurent la barbarie de le faire fusiller. Les soldats français s'y étant refusés, des Belges furent choisis pour cette exécution.

fut achevée en 1655. On lit sur son frontispice :

UNIGENITO DEI FILIO JESU CHRISTO DOMINO NOSTRO AC DEO SACRUM. M.DC.LV.

La Ville acheta pour ces Pères le palais du cardinal de Brancas, qui avait appartenu dans le XIVme siècle au cardinal la Motte neveu de Clément VI. Un grand Collége y fut établi. Une partie de cet édifice, presque en face de St-Didier, est nommée *la Tour*, parce qu'elle était la tour du palais de Brancas. Les Jésuites y avaient un Observatoire. On y voit encore des projections uranographiques tracées par le célèbre Kircher.

Le Collége d'Avignon, dirigé par ces religieux depuis le milieu du XVIme siècle, donné par Louis XV aux Bénédictins après la prise de notre ville, aux prêtres de la Doctrine chrétienne en 1782, fut érigé en Lycée impérial en 1808, et en Collége Royal en 1815. D'habiles professeurs s'y sont toujours distingués, soit sous l'ancien gouvernement, soit depuis qu'il ressort de l'Université de France.

ÉCOLES DE DESSIN, D'ARCHITECTURE, DE TISSAGE, etc. etc.

L'École de dessin qui renferme un grand nombre de modèles acquis ou donnés par le Gouvernement, celle d'architecture, un laboratoire de chimie, dans lequel M. Blanchet, élève de l'école polytechnique, donne des leçons sur cette science féconde, sont des établissemens qui méritent d'être connus. Ils sont tous vivifiés par des professeurs chez lesquels le zèle s'unit aux talens.

M. le Maire a eu l'idée de fonder une École de Tissage. Elle est en pleine activité dans le même bâtiment. Un grand nombre de Souscripteurs se sont présentés pour l'exécution d'un projet qui offre un nouveau champ à notre industrie et de nouveaux avantages à notre commerce.

ÉGLISE DE SAINT-PIERRE.

Cette Église existait avant 686. Réparée au commencement du Xme siècle, elle était tombée en ruines, lorsqu'en 1358 le cardinal Pierre de Prato la fit rebâtir.

Sa façade, moins ancienne que la voûte, construite en 1512 pour 1800 écus d'or (*auri solis*), est d'une architecture gothique. J'en offre un dessin lithographié qui me dispense d'entrer dans les détails d'une description. La porte en bois est richement sculptée.

Cette église que distinguent les anciennes décorations dont elle est sur-

Église de St. Pierre.

chargée, renferme encore quelques monumens que je ne passerai pas sous silence. Dans la chapelle du St. Sépulcre sont des statues remarquables sinon par leur perfection, du moins par leur ancienneté et leur grandeur colossale. Elles paraissent appartenir au XIVme siècle.

La Chaire en pierre blanche très-fine se distingue par sa sculpture gothique. Au milieu est représentée la Chaire de St. Pierre, sous laquelle on lit les vers suivans :

> Afin que mieux cest chaire cy
> A Dieu du Ciel li soit plaisante,
> Jaques Malhe luy cri mercy
> Et de bon cœur la luy présente.

Un peu plus bas sont gravés ces mots :

> *Eloquia Domini, eloquia casta :*
> *Argentum igne examinatum,*
> *Probatum terræ, purgatum septuplum.*
> (Lib. Psalm. Psalm. XI. vers. 6).

La construction de cette Chaire paraît se rapprocher de l'époque où fut érigé le tombeau de Jean XXII.

Parpaille, natif d'Avignon, agrégé à l'Université dont il avait été primicier, convaincu d'avoir voulu livrer cette ville au parti huguenot, fut arrêté au bourg St-Andéol, à son retour de Lyon où il avait été vendre les reliquaires de l'église d'Orange. Le Vice-Légat Lenzi lui fit faire son procès. Avant que d'être exécuté à mort, il fut exposé plusieurs jours dans une cage de bois suspendue ; il abjura ses erreurs avant de mourir.

On lui trancha la tête dans la cour du palais ; son corps fut exposé sur un échafaud au milieu de la grande place. Sa famille lui fit élever un mausolée orné de 3 statues de 3 pieds de hauteur, qui représentaient St Pierre avec ses clefs, St Paul avec une épée, et St André avec sa croix, tenant de chaque main un rouleau sur lequel on lisait ces mots : *Suscipe discipulum*. Aux pieds de ces saints étaient deux chanoines à genoux priant Dieu pour Parpaille, dont on voyait le squelette sculpté, au bas duquel on lisait ces deux vers rimés :

Quisquis ades, tu morte cades, sta, respice, plora :
Sum quod eris, modicum cineris, pro me precor, ora.

Il y avait dans le cloître détruit depuis peu, un ancien tombeau dont une des faces était ornée de 22 figures vêtues à la romaine (*cum veste talari*). Au milieu d'elles était un jeune enfant monté sur un arbre, et beaucoup de personnes autour de lui qui l'écoutaient avec attention. Ce monument en marbre blanc, de 9 pieds de longueur, 3 de largeur et 4 et demi de hauteur, sans inscription, avait été, disait-on, apporté d'Arles depuis plusieurs siècles.

On ne sait aujourd'hui ce qu'il est devenu.

MONT DE PIÉTÉ.

Le Mont de Piété fut institué en 1609, sous le pontificat de Paul V si fécond en établissemens utiles, à l'instar de celui de Rome. L'archevêque Marinis, mort en 1669, fit de cette œuvre son héritière universelle.

Cette Maison est aux indigens ce que l'Hôpital est aux pauvres malades. L'infortune y trouve des secours désintéressés. Les sommes prêtées ne supportent qu'un intérêt des plus modiques, rigoureusement indispensable pour l'entretien de l'œuvre, mais bien moindre que dans tout autre établissement de ce genre.

L'édifice est remarquable par la solidité de sa construction, le nombre et la disposition de ses salles voûtées, remplies de toutes sortes d'objets classés avec autant d'ordre que de soin. L'or, l'argent, le cuivre, le fer, le linge, etc. etc. y sont dans des salles séparées, à l'abri de l'incendie. Si par malheur, ce qui ne pourrait arriver que très-difficilement, le feu prenait dans une pièce, il ne pourrait se propager au-delà. Le profit qu'on retire de la condition des soies, affecté à cet établissement, permet de prêter à un intérêt des plus modiques.

SÉMINAIRE DE SAINT-CHARLES.

Ce Séminaire, agrégé en 1705 à celui de St-Sulpice de Paris, est remarquable par la solidité de sa construction, son isolement et la grandeur de sa cour d'entrée. Sa chapelle, pavée en marbre, unit l'élégance à la simplicité de l'architecture et à la noblesse des ornemens.

HÔTEL DELEUTRE.

L'Hôtel de M. Deleutre, chevalier de la Légion d'Honneur, ancien Adjoint de la Mairie, président actuel du Tribunal de commerce, serait un édifice remarquable dans la capitale même. L'architecture en est belle, les salles bien décorées, le jardin spacieux. Plusieurs Maisons royales n'ont pas une plus belle apparence.

L'étranger ne verra pas cet Hôtel sans en être frappé. Il me retrace le souvenir du Palais Carignan.

ANCIEN COUVENT DES DOMINICAINS.

Les Dominicains furent fondés à Avignon en 1219. Saint Dominique y assista cette même année à un Concile contre les Albigeois. Ce Couvent, renfermé aujourd'hui dans l'enceinte d'Avignon, en était alors séparé par un bras du Rhône. Les Papes l'ont habité pendant qu'on commençait à construire le Palais.

L'Église, dans laquelle on a établi au commencement de ce siècle une Fonderie, fut bâtie en 1330, aux frais de Godin évêque de Sabine et religieux Dominicain. On y a couronné Benoît XII en 1335, et Clément VI en 1342. Un grand nombre de cardinaux ont été ensévelis dans cette Basilique. Saint Dominique bénit l'eau d'un puits qui était dans la Sacristie que fit bâtir Clément VI. On y lisait cette inscription :

SANCTVS DOMINICVS BENEDIXIT
HANC AQUAM ANN. 1219.

Les principaux sujets de l'Histoire de l'Ancien Testament étaient gravés sur les colonnes du cloître, construit en 1347 par Guillaume de Laudun, Dominicain et Archevêque de Toulouse.

11..

Je joins ici une Notice sur la Fonderie de Vaucluse, que je dois à la complaisance de M. Delorme Administrateur éclairé de ce magnifique établissement...

FONDERIES DE VAUCLUSE.

La plus belle église que renferment les murs d'Avignon a échappé au torrent dévastateur de la révolution. Les étrangers qui recherchent la vue du grandiose, les constructions élégantes et hardies ; les artistes avec leurs crayons et leurs couleurs, viennent admirer ce monument, tracer et peindre les élévations des arceaux, la perspective des trois nefs, ou saisir les effets magiques que produisent la lumière du jour et celle de l'astre de la nuit.

Elle est encore debout cette église, ou plutôt cette basilique ; mais chaque instant la menace d'une destruction totale. Quelle succession des temps !

Quelle métamorphose ! Ce ne sont plus les cantiques divins qui en font retentir les voûtes, ce sont des marteaux en cadence, des grues qui gémissent ou crient en élevant des fardeaux énormes; ce sont des voix tumultueuses d'ouvriers, de conducteurs de chars, qui oublient quel est le sol sacré qu'ils foulent sous leurs pieds, et qui, en présence du siége d'où tombaient sur les fidèles la parole de Dieu et les préceptes évangéliques, jurent et blasphèment souvent contre la Providence qui leur distribue un travail qui fournit du pain à leurs familles !

Tel est aujourd'hui l'un des deux grands établissemens dirigés par la Compagnie des Fonderies de Vaucluse.

On y voit deux Laminoirs à plomb pour former les Tables qui servent à la construction des chambres dans lesquelles on fabrique l'acide sulfurique.

L'un de ces Laminoirs, qui n'a pas

son égal dans toute l'Europe, a des cylindres de 10 pieds 4 pouces de longueur.

Un troisième Laminoir, portant sur le même plan deux paires de cylindres cannelés, débite des tuyaux de plomb, sans soudure, depuis 9 lignes jusqu'à 48 de diamètre.

Dans un autre atelier on coule toutes sortes de clous en cuivre, pour fixer les doublages des vaisseaux et les planches dont les grandes chaudières sont construites.

Dans la même enceinte et dans une autre église qui appartenait jadis aux Pénitens blancs, on voit une Fonderie de fer où l'on moule toutes les pièces que l'industrie ou le luxe peuvent désirer, depuis le poids d'un kilogramme jusqu'à celui de 2500.

Nous abandonnons les forges, les balanciers, la charpenterie, les fourneaux pour décaper à l'acide, la briqueterie et les ateliers pour tourner les plus grosses vis en fonte, etc. et nous transportons le lecteur à Aiguille, le second et le plus grand établissement de la Compagnie.

Ce beau local et ses vastes dépendances appartenaient avant la révolution à M. le duc de Gadagne, qui se faisait moins remarquer par ses titres et sa grande fortune que par ses qualités civiques et populaires.

C'est là que la Compagnie avait fondé ce bel atelier où l'on forait six canons à la fois, et qui a disparu parce que la loyauté et la fidélité à ses engagemens n'étaient pas associées à la tyrannie et à la puissance du gouvernement de cette époque.

L'Usine d'Aiguille, telle qu'elle est aujourd'hui, est une des plus belles qu'il y ait en France. On y affine toutes les qualités de cuivre ; on le réduit en feuilles ou planches de toutes dimensions au moyen de quatre laminoirs (1). Les cylindres du plus grand ont 7 pieds 4 pouces de longueur, et produisent des planches d'un poids de 400 kilogram. et de 12 pieds sur 7.

Cette usine est encore composée de cinq Martinets, dont chacun porte deux marteaux. Il en sort toutes sortes d'objets de chaudronnerie, de chaudières à vapeur, des appareils pour distiller les liquides et pour raffiner le sucre.

Toutes ces machines et celle du Boccardage des scories sont mues par dix roues hydrauliques.

Tel est l'ensemble des établissemens de la Compagnie, que les mécaniciens et les savans s'empressent de visiter.

(1) Douze pièces de canon conquises à Navarin ont été converties récemment en chaudrons, bassinoires, casseroles, etc.

CHAPELLE DE L'ORATOIRE.

La Chapelle de l'Oratoire, aujourd'hui des Missions, se distingue par la grace de sa coupe. Légèrement ovale, elle est entourée de chapelles et de tribunes peu profondes ; sa voûte élevée est d'une très-jolie forme. Quoique bâtie en 1741, je n'ai pu savoir qui en a été l'architecte. Cet édifice, l'un des derniers de ce genre construits avant la révolution, contraste si fort avec nos anciennes églises, que sous cet unique rapport il ne serait pas vu sans intérêt par les ingénieurs et les artistes.

HÔTEL DE VILLE.

On voit dans l'Hôtel de Ville les portraits de quelques Avignonnais distingués. La salle de la Mairie et celle du Conseil sont remarquables par leurs peintures et leurs anciennes décorations. Le clocher au haut duquel est le beffroi, était la principale tour du palais Colonne bâti dans le XIVme siècle. Ce clocher est remarquable par sa construction et ses voûtes intérieures. Si j'en excepte le palais des souverains pontifes, aucun de nos édifices ne s'élève à une si grande hauteur.

SALLE DE SPECTACLE.

J'ai déjà parlé de cette Salle, page 48 ; je ne la cite ici que pour la placer dans l'ordre de cet Itinéraire.

ANTIQUITÉS

D'AVIGNON.

Quoique les dépôts du Rhône, qui lèvent continuellement le territoire d'Avignon, cachent un grand nombre de monumens antiques, et que le fer, le feu ou le temps aient effacé les traces de beaucoup d'autres, il n'en a pas été de même d'un édifice très-vaste dont on découvrit de nouvelles fondations, il y a peu d'années, vis-à-vis l'Hôtel de Ville. Les soins que prenaient les Romains pour se procurer des eaux salubres et abondantes, me font présumer que cet édifice était un aqueduc qui transportait les eaux limpides de la Sorgue pour les distribuer dans les fontaines et les bains publics.

Calvet connaissait ce monument, puisqu'il dit, *tom.* 2. *pag.* 351 de son Manuscrit : « On voit dans la rue Petite-
» Fusterie plusieurs grands arceaux
» faisant partie d'une immense édifice
» les pierres en sont d'une énorme gros-
» seur : un de ces arceaux sert de base
» au clocher de Sainte-Magdelène. Ce
» édifice remontait de l'église Saint-
» Agricol vers la place de l'Hôtel de
» Ville. »

Il dit ailleurs, *tom.* 6. *pag.* 81 : « Ce
» monument ne le cédait pas même au
» théâtre d'Orange ; il est caché dans
» les maisons ; on n'en voit à découvert
» qu'un seul arceau........ Il formait
» les remparts de la ville du côté du
» couchant, sur lesquels il y avait
» peut-être un aqueduc. On ignore
» l'endroit précis où il commençait...

On en voit le dessin *tom. 6. pag.* 87 du Manuscrit *Calvet.*

Dans un manuscrit de Valadier du XVIme siècle, intitulé : *Ecclesiæ Monarchiæque Galliarum nascentis historia ab antiquitate Avenionensium repetita*, qui est aujourd'hui dans la bibliothèque du Vatican, se trouve l'inscription suivante qu'on lisait sur cet édifice :

T. FLAVIVS SYLVIVS FEC.

On voyait encore, il y a vingt-cinq ans, à demi-lieue d'Avignon, près du Pontet, entre la grande route de Lyon et le Rhône, les fondations d'un aqueduc qui se prolongeait dans la direction de Vedennes : on les a trouvées plus loin encore. La partie du territoire qu'il traversait près d'Avignon, était connue sous le nom de *Clos des Fontaines*. Elle était désignée sous cette dénomination en 1160. Nouguier, *Histoire des évêques et archevêques d'Avignon*, dit à ce sujet,

pag. 49 : « Environ ce temps, les Tem-
» pliers s'establirent en cette ville, car
» l'an 1165 un nommé Brocardus donna
» à la Maison du Temple une sienne
» maison et tour pour bâtir un oratoire
» et tout ce qu'il possédait au *terroir*
» *des Fontaines.* »

N'est-il pas de la plus grande vraisemblance que les arceaux découverts à Avignon formaient l'extrémité d'un aqueduc qui conduisait l'eau de la Sorgue jusque dans les quartiers les plus élevés d'une ville opulente, décorée du titre de Colonie romaine, et qui devint ensuite Ville latine ?

Si nous n'avons pas des preuves authentiques de l'existence d'un aqueduc, ce que je viens de dire me semble réunir de grandes probabilités en faveur d'un monument si précieux pour l'utilité publique.

Valadier, dans le manuscrit dont j'ai

parlé, cite plusieurs inscriptions qu'on ne retrouve plus aujourd'hui. Nous en connaissons neuf, dans lesquelles il est fait mention d'Avignon ; elles sont toutes latines. Cinq sont rapportées par Polycarpe de la Rivière, et quatre par Calvet. Il y en a deux dont l'antiquité est suspecte. Celle que je vais transcrire, trouvée à Apt, ne permet pas de douter qu'Avignon ne fût au nombre des Colonies romaines.

D. M.

.. VOLVS. L. F. VOL. SEVERIANO
IIII VIR. C. I. APT. II ET FLAM. ITEM
I VIR. C. I. HAD. AVENN. ET PONTIF.
SACERDOT. VRBIS ROM. AETERN.
VOL. SEVERIANA PATRI INCOMPA-
RABILI.

Les inscriptions relatives à Avignon sont très-bien expliquées ou commencées par Calvet : *voy*. Manusc. *tom.* 3.

12..

pag. 80 *et* 140. *tom.* 6. *pag.* 384, 386 *et* 388.

Une ancienne tradition porte que la maison de Mad^{me} de Latier, occupée aujourd'hui par M. Pamard, près du Palais, était un temple de Jupiter. J'ai dit Calvet, une tête de cette divinité qui y a été trouvée (1). Je possède aussi un petit cippe de dix pouces de haut sur quatre de large, découvert en 1780 dans une maison rue Tarasque ; son inscription porte : PROXSVMIS TERA TV (2). Chez le sieur Josseaume, vers le milieu de la même rue, à droite, on découvrit, en creusant un puits en 1736 beaucoup d'antiquités enfouies qui

---

(1) Cette tête fait partie de la collection du Muséum.

(2) Ce cippe fut donné par Calvet à M. Artaud, directeur du Musée de Lyon, savant antiquaire Avignonnais dont l'extrême modestie accompagne la plus profonde érudition.

sont encore pour la plupart. (Manuscr. *Calvet, tom.* 2. *pag.* 351).

Il y a dans la cave de M. Cochet, en descendant de Saint-Genest, à quatre ou cinq pieds de profondeur, un pavé de mosaïque. Il y en a d'autres dans le jardin des Célestins, près l'hôtel Crillon, près le plan de Lunel et dans toute la partie gauche de la Bancasse. (Même Manuscr. *tom.* 2. *pag.* 351).

On en voit au Muséum *Calvet* de jolis fragmens trouvés dans la rue Bonnetterie.

On croit que tout près de l'église métropolitaine il existait anciennement un temple dédié à Diane, et que cette église était elle-même un second temple consacré à Hercule. La tradition nous apprend qu'on conservait encore, du temps du pape Urbain V, une statue avec cette inscription, qui me paraît fausse, ou du moins très-mal copiée :

HERCVLI AVEN.
DEO POTENT. PROTECT.
C. TVSCILIVS
PRO CIV. AVEN.
SVSCEPTO VOTO
L. M. D. D.

On dit que ce pape fit briser cette statue et plusieurs autres monumens antiques, pour abolir dans Avignon la mémoire de l'idolâtrie; mais il est permis de douter des prétendus ordres donnés au sujet de la destruction de ces monumens.

Thevet, qui écrivait vers 1550, rapporte dans sa Cosmographie qu'en 1146, en creusant près des anciennes murailles, on trouva une colonne de jaspe, sur laquelle était représentée la victoire d'Ænobarbus.

C'est sans doute le même monument antique que Suarès dit qu'on voyait de son temps à l'Archevêché, et qui représentait la même action. Quelle perte que celle d'un objet aussi précieux !

En 1619, lorsqu'on répara le pavé de la cour de Saint-Didier, on découvrit quelques tronçons de colonnes et un mur très-épais construit avec de grandes pierres carrées.

En 1624, en creusant les fondemens du Noviciat des Jésuites (aujourd'hui St-Louis), on trouva un petit tombeau qui renfermait une urne de verre et des lampes antiques.

En 1660, on découvrit des colonnes de porphyre et plusieurs débris de belles statues, et plus récemment, dans une autre maison, un canal de plomb avec cette inscription :

Q. LICINIVS PATERN.

Gruter rapporte des fragmens de l'inscription des Bains publics qu'il y avait anciennement à Avignon. Les voici :

NYMPHIS SACR,
LETREBONIVS PATER.
LIB. FORTVNATVS
VOTO POSVIT.
SIGNVM COMBASI. M.
ET AEDEM F. CVR.

Je cite d'après Expilly cette inscription évidemment altérée, que je n'ai pu trouver dans notre édition de Gruter.

On ne se serait pas douté, il y a un demi-siècle, qu'Avignon eût fait frapper des médailles. M. Pellerin a rapporté le premier à cette ville la médaille d'argent qui porte les lettres AOYE, qu'on soupçonnait de quelque ville de Sicile : elle représente d'un côté la tête d'un jeune homme couronné de laurier, sans légende ; on voit de l'autre un sanglier courant, au-dessous duquel on lit dans le champ, AOYE, et entre ses pieds le

(143)

sigle C. Il est incertain si cette figure désigne une lettre.....

Un heureux hasard a fait découvrir à Calvet une autre médaille d'Avignon : elle est de petit bronze ; on voit d'un côté la tête d'une femme couronnée de tours ; il y a dans le champ la lettre A, sans légende ; le revers porte en haut les lettres ΑΟΥΕ avec un bœuf chargé du collier de la charrue. Il est très-vraisemblable que la légende ΑΟΥΕ du revers exprime le nom de la ville d'ΑΟΥΕΝΙΩΝ. Voyez, pour de plus grands détails relatifs à ces médailles, Manuscr. *Calvet*, tom. 4. *pag.* 339.

OBSERVATION

RELATIVE A LA PAGE 21.

A la fin du premier alinéa de la page 21, ajoutez :

Le Bouclier antique trouvé dans le Rhône près de Montfaucon, regardé jusqu'à ce jour comme un bouclier votif, serait d'après les modernes une espèce de disque que les anciens suspendaient comme des médaillons ou des tableaux. Quant au sujet qui y est représenté, au lieu d'être tiré de l'Histoire romaine, il retracerait le souvenir d'*Achille* et de sa captive *Briseïs*.

PANORAMA

DE

VAUCLUSE (1).

La montagne de Vaucluse est entièrement calcaire. On trouve à son sommet des traces de pétrifications marines, et dans le rocher beaucoup d'échancrures et de cavités nommées *lithotomi cavi* par

---

(1) C'est sans doute le fracas de ses eaux qui a fait nommer la source de Vaucluse *Fons Orge*. Le mot grec *Orge* signifie impétuosité, colère, fureur : aucun autre terme ne pouvait mieux caractériser cette source. Je suis étonné qu'on n'ait pas fait une remarque qui se présente naturellement, au lieu d'altérer un nom si expressif, on . de le supposer infidèlement transcrit dans les plus anciennes éditions de Pline.

Vallerius. Les ravins inférieurs offrent ⊙ fer limoneux en rognon, en dragées et o grenailles ; du gypse strié, spéculaire et des bélemnites. Un quart-d'heure avan d'arriver au village, on voit à gauche db couches épaisses et abondantes de silex de la silicicalce de Saussure qui renferme des coquilles fluviatiles.

	tois.
Hauteur de la Sorgue au pont de Vaucluse (sur la mer)........	33 8
Bassin de Vaucluse ou source (sur la mer)..................	500
Château de Vaucluse, dit de Pétrarque (sur la mer).........	68 8
Rocher à pic (sur la source).....	1200
Plus grande hauteur de la montagne de Vaucluse (sur la mer).	336 ð

Je laisse pour une course un peq fatigante, mais sans danger, la retrai de Pétrarque, les eaux limpides, fracas des cascades ; je me dirige, ple souvenirs d'amour et de gloire, vers le château ruiné qui appartenait aux anciens évêques de Cavaillon, nommé improprement *Château de Pétrarque*. Je suis un sentier étroit qui tourne la montagne, et j'arrive en trois quarts d'heure au sommet du rocher élevé verticalement sur l'antre de Vaucluse. Là, un spectacle magnifique frappe mes regards ; je vois à mes pieds une rivière bleuâtre s'échapper en grondant du vallon qui la gêne, ralentir son cours, former des contours gracieux, revenir sur elle-même, comme si elle quittait à regret les prairies ombragées qu'elle traverse, se diviser en canaux, embrasser de ses eaux limpides de petites îles, et se réunir encore. Je distingue les villes, les villages, les habitations éparses, la campagne couverte de moissons, les prairies, les vignobles, les lieux incultes et ceux que le laboureur fertilise. Si je n'ai pas devant moi l'immense perspective d'une mer agitée, mes regards se reposent sur un horizon tranquille et ne m'offrent jamais le douloureux souvenir des naufrages ni l'horreur des tempêtes. Tout est riant dans ce tableau : j'y oublie les convulsions et les catastrophes qui ont bouleversé le globe, de même que les révolutions plus durables qui nous viennent de l'homme.

De ce roc escarpé, nu, solitaire, je distingue les plaines fertiles, les canaux, les routes...... Les arbres antiques qui couvraient ce même sol et entretenaient sa fraîcheur ont disparu ; ils ne forment plus ces bois silencieux, ces masses épaisses et noirâtres d'une étendue immense. Nos champs circonscrits ont succédé à ces forêts sombres et trop éloignées aujourd'hui du séjour de l'homme ! Quel monotone niveau s'i nous était permis d'applanir les montagnes en harmonie avec les plaines dont elles entretiennent la fraîcheur et la fécondité ! Leurs masses, leurs pentes, leurs surfaces, leurs élévations ne modifient-elles pas les températures ? Ne sont-elles pas proportionnées aux latitudes et à l'étendue du sol qu'elles doivent fertiliser ?..... Voyez les contrées équatoriales de l'Asie, de l'Afrique et de l'Amérique ; quels immenses colosses s'élèvent dans leurs vastes seins ! En Amérique, c'est la chaîne prolongée des Cordilières ; en Asie, c'est le Thibet dont les sommets surpassent ceux d'un continent moins étendu ; dans la brûlante Afrique, c'est l'Atlas plus élevé encore (1).

	toises.
(1) Le Mont-Blanc, montagne la plus élevée de l'Europe, a sur la mer........	2460
En Amérique, la plus grande hauteur du Chimborazo est de..................	3350

En entretenant la continuelle circulation des eaux, les montagnes diminuent la chaleur de l'atmosphère dans des climats qui seraient sans vie. Les Cordilières, l'Atlas, le Thibet, si vivifians dans des régions brûlantes, rendraient inhabitables les latitudes de Rome, de Paris ou de Londres, tandis que la hauteur et la surface de nos Alpes proportionnées à un climat tempéré, ne suffiraient pas entre les Tropiques pour en fertiliser les plaines.

Plus élevées, la neige ne fondrait jamais ; plus basses, elle fondrait trop rapidement ; plus étendues, rien ne résisterait à l'impétuosité et à la force des

	toises
En Asie, le pic le plus élevé de l'Himâlaya est de....................	4011
En Afrique, les sommets de l'Atlas surpassent, d'après Jakson, cette dernière hauteur d'environ 1000 pieds, et ont........	417.

torrens et des rivières ; plus circonscrites, la moitié de nos campagnes serait aride et déserte. Quelle architecture ! quelle prévoyante distribution !... Combien sont indispensables ces masses regardées comme le résultat des soulévemens fortuits ! Ne voir en elles que des inégalités dues au hasard, des ruines immenses ou l'image du chaos, c'est abandonner la vérité pour une absurde fiction, c'est jeter un voile sur la nature.

PANORAMA

DU

MONT-VENTOUX.

Le sommet du Mont-Ventoux est éloigné de deux lieues et demie de Bedouin, village qui est au pied de cette montagne, de cinq de Carpentras, et de neuf d'Avignon. On peut aller en cinq ou six heures d'Avignon à Bedouin, mais il n'en faut pas moins de quatre et demie pour parvenir au sommet, à cause de la montée qui est d'environ 10 degrés d'inclinaison ou d'une toise perpendiculaire sur une distance de six : la pente est presque triple à trois quarts de lieue de la cime.

Le Mont-Ventoux est tout-à-fait calcaire, et d'un calcaire très-siliceux qui passe souvent à l'état de silicicalce aux environs du sommet. Cette roche ne contient point de coquilles fluviatiles comme celle de Vaucluse, mais des pétrifications marines d'une assez grande dimension.

Je n'ai point vu ici ce quartz-grenu que j'ai trouvé si souvent et si abondamment sur le calcaire des Alpes françaises, ni aucun caillou roulé granitique. Je n'ai pu découvrir non plus dans les coupes verticales des rochers à pic aucune trace de pétrification, tandis que j'en ai vu souvent à leurs parties supérieures. Cette observation que j'ai pu généraliser dans les Alpes semble indiquer que les grandes masses calcaires n'ont été que revêtues d'un vaste manteau coquillier.

Dans les vallons inférieurs on trouve du sable différemment coloré, du fer spathique et limoneux, des brèches, du jaspe, des argiles grises et blanches, de la craie, des ocres de diverses couleurs, du gypse, des pyrites, des terres imprégnées du fer sulfaté, et quelques couches isolées de charbon de terre.

J'ai observé sur le Mont-Ventoux la diminution de la température invariable de plusieurs Sources, dans la progression suivante :

	deg. dix.	Hauteur sur la mer. tois.
Puits profonds de nos plaines....................	14,7	15
Fontaine du Groseau, près Malaucène..............	11,2	212
Fontaine de Marin, entre St-Léger et Brantes......	11,2	218
Fontaine de Savouillans....	10,5	273
Fontaine d'Angel..........	9,0	598
Fontaine Filiole...........	5,5	920

Le décroissement de température des Sources du Mont-Ventoux suit à très-peu près le décroissement moyen des températures de l'atmosphère, à la hauteur où ces Sources sont situées.

Voici la hauteur des principaux lieux par où l'on passe ordinairement pour arriver d'Avignon au sommet du Mont-Ventoux :

	Hauteur sur la mer en tois.
Carpentras, Place de l'évêché....	52
Village de Bedouin, maison d'Archimbaud	155
Dernières granges de Bedouin....	260
Le Jas ou Bâtiment.............	807
Sommet.....................	1000

Il est singulier que les anciens Géographes n'aient point parlé d'une montagne isolée de 1000 toises de hauteur, qu'on voit de 40 lieues, qui s'élève tout à coup à l'extrémité d'une vaste plaine, et qu'on peut regarder comme la plus occidentale des Alpes.

Pétrarque est, je crois, le premier écrivain qui ait cité le Mont-Ventoux, sur lequel il eut la curiosité de monter (1).

(1) Dans une de ses lettres à Jean Columna (*lib. IV. epist.* 1.), après être parvenu avec beaucoup de peine au sommet du Mont-Ventoux, Pétrarque s'exprime ainsi au sujet de ce Voyage : « Un spectacle aussi majestueux qu'inattendu frappa » tout à coup mes regards. Je demeurai dans un » immobile silence : les merveilles qu'on publie » de l'Olympe (*) et de l'Athos me paraissaient » plus croyables d'après ce que je voyais sur une » montagne moins célèbre. ..... Les Alpes es- » carpées et couvertes de neige, franchies par le » plus redoutable ennemi des Romains, semblaient » être près de moi, quoiqu'à une très-grande dis- » tance...... L'abaissement du soleil et l'ombre » de la montagne projetée au loin, m'avertirent » trop tôt qu'il fallait en descendre. Je n'aperçus » pas au couchant cette immense barrière des » Pyrénées qui sépare la France de l'Espagne, non » qu'elle fût cachée par d'autres hauteurs, mais » à cause de la faiblesse des sens. Je vis très- » distinctement les montagnes du Lyonnais, la » mer de Marseille et d'Aiguesmortes. Le Rhône » était sous mes yeux, etc. etc. »

(*) Bernouilli a trouvé la hauteur de l'Olympe de 1017 toises.

Sur son sommet conique est bâtie une chapelle, d'où la vue se perd de tous côtés dans un immense horizon. Lorsque le temps est favorable, on voit la chaîne des Alpes, la côte de Provence, celle du Languedoc; on découvre même les Pyrénées.

Aucune montagne, et j'en ai parcouru un très-grand nombre, ne m'a offert un aussi bel Observatoire, ni un horizon plus étendu.

Du côté de l'ouest, les plus grandes hauteurs ne semblent que de vagues ondulations; on découvre à peine les villes et les villages. Le Rhône offre plutôt l'aspect d'un ruban argenté négligemment étendu, que celui d'un vaste fleuve. On ne voit que les masses ; les collines à quatre ou cinq lieues se confondent avec la plaine. Un vert sombre indique les forêts ; un vert moins rembruni, les prairies. Cet espace jaunâtre est un sol riche en vignobles. Plus loin, tout prend un aspect uniforme et une teinte plus ou moins azurée. Il semble, à de grandes distances, qu'on n'entrevoit les objets qu'à travers un brouillard. C'est ainsi que l'espace est à la vue ce que le temps est à l'Histoire. Les rivières et les torrens qui échappent presque à l'œil, n'offrent que des lignes à demi effacées. Si les plaines, les monticules, les eaux, la verdure, les terrains incultes ne sont pas entièrement confondus, ils semblent tous au même niveau comme des couleurs sur la palette du peintre. Plus loin encore, on ne distingue pas même la terre de l'uniformité des mers qui se confond avec le ciel ; ce n'est qu'à l'aide du télescope qu'on en saisit quelquefois les limites.

Tel est le tableau que présente l'occident dans un jour serein : mais, quel changement extraordinaire causé par un simple brouillard ! Alors celui qui n'a jamais vu la mer, ni ses îles, peut se former l'idée exacte d'un Archipel produit par les montagnes et les collines qui percent la nue, paraissent sur une mer aérienne, s'agrandissent ou diminuent, et semblent s'élever peu à peu, ou s'enfoncer dans le sein d'un océan sans rivages. Là, ces isles offrent la terrible catastrophe d'une submersion totale ; bientôt elles paraissent encore ; le magique océan se retire, et la réalité succède à l'illusion.

C'est surtout lorsqu'un sombre et immense voile intercepte tous les objets terrestres, et qu'un rocher vivement éclairé semble porté sur les nuages ; c'est lorsqu'on entend la foudre éclater à ses pieds, et que ses traits rapides sillonnent en tout sens la nue profondément abaissée, qu'on peut se croire sur une nouvelle planette.

La plaine éloignée, bleuâtre, qu'on distingue vers le sud, dans un jour serein, aux heures où le soleil est près de l'horizon, est la mer, la véritable mer. Ce n'est plus une illusion produite par les nuages ou les brouillards ; c'est cette mer qui nous sépare de la brûlante Afrique. Faiblesse de nos sens ! Imperfection de nos instrumens ! Galilée, Newton, Herschell, à quoi serviraient ici vos étonnans télescopes ? S'ils rapprochent les distances, peuvent-ils donner une parfaite transparence à l'air interposé entre les objets, et dissiper les vapeurs qui en altèrent la pureté ? Ces obstacles invincibles rendent inutiles la savante combinaison des verres et des miroirs dirigés sur des corps terrestres trop éloignés.

Cette partie de l'horizon semble tout-à-fait immobile ; cependant des cités flottantes la traversent ; des isles sorsent de son sein ; mille barques s'y jouent au milieu des flots.

Si je jette les yeux vers l'orient, quelle décoration nouvelle ! Quelle gradation de nuances, quelle infinité de plans, quelle variété de coupes ! Des chaînes prolongées, des sommets dentelés, des cimes en forme d'autels, de dômes, d'obélisques, de pyramides, s'élancent de toutes parts. Je vois des montagnes couvertes de noires forêts, d'autres azurées ou blanchies par la neige; on dirait que d'immenses flots soulevés et brisés contre des écueils, se sont tout à coup *lapidifiés*. J'observe le parallélisme des chaînes et la hauteur des sommets arides. Je distingue au loin ce mont célèbre par le plus périlleux et le plus savant des Voyages (1). Ce sommet pyramidal, aussi remarquable

(1) Le Mont-Blanc.

14..

par son inaccessible hauteur que par les sources de l'Eridan, me retrace mille souvenirs (1).

Si le Naturaliste ne peut étudier d'ici les détails géologiques, embrassant l'ensemble des grandes masses, il les voit se diriger de l'est à l'ouest. Il juge de leur distance, de leur inclinaison, de l'étendue et de la hauteur de leurs forêts. La terre semble d'ici exactement partagée en plaines et en montagnes ; d'un côté, l'œil glisse pour ainsi dire sur une surface uniforme ; de l'autre, les sommets escarpés, les profondes vallées, les torrens destructeurs frappent les regards. L'imagination nous montre des rochers suspendus, des défilés obscurs, des forêts sombres. D'une part, la terre est un vaste bassin ; de l'autre, elle porte le ciel sur des cimes élancées.

(1) Le Mont-Viso.

A l'aspect d'un tableau qui a la nature pour sujet et pour cadre l'infini, tant d'idées naissent à la fois, que dans l'impossibilité de les exprimer on demeure d'abord, comme Pétrarque, dans un immobile silence.

PANORAMA

DU

COL-LONGET.

Le Col-Longet, dans le fond de la vallée du Queyras, à l'est d'Embrun et de Briançon, est un des passages les plus élevés de nos Alpes. Il est formé, comme toutes les hauteurs qui entourent le Mont-Viso, de schistes luisans, gris-verdâtres, sonores, à cassures indéterminées inclinant à la fibreuse, renfermant de petites veines et de cristaux de spath-calcaire. Il y a dans les environs beaucoup de *schiller-spath* et des pierres ollaires dont on fait à St-Véran village voisin, des écritoires, des flambeaux, des moules et d'autres petits ustensiles.

Le Col-Longet est d'un accès pénible à cause de ses roches mouvantes : à la fin d'août on est quelquefois obligé, pour y parvenir, de marcher sur la neige.

Voici le nivellement de la route, depuis Avignon jusqu'au sommet de ce Col.

	tois.	pi.
Avignon (hauteur moyenne du sol)........................	9	4
Durance (la) au pont de Bon-pas...	20	
Tour de Sabran................	38	
Apt (ville)....................	118	
Cereste (village)...............	200	
Chapelle de Notre-Dame de Lyncel.......................	240	
Forcalquier (ville).............	286	
Peyrués (village)..............	210	
Sisteron (ville)................	265	
Vitrolle (auberge sur la route)...	266	
La Sausse (village).............	286	
Gap (ville)...................	388	
La Bâtie neuve (village)........	433	
Chorges (village)..............	460	

	toises.
Savines (village)................	406
Embrun (ville).................	469
Châteauroux (village)...........	526
Saint-Clément (village)..........	470
Guillestre (village).............	518
Maison du Roi (Hospice de la)....	535
La Chapelue (hameau)..........	569
Château - Queyras (village) maison Carillan...................	722
Molines (village)................	825
Saint-Véran (village)............	1047
Derniers sapins et mélèses en montant au Col-Longet........	1290

Cette hauteur est la plus grande où j'ai vu de beaux arbres. Je ne crois pas qu'en Europe il y en ait de plus élevés.

Col-Longet..................	1622

J'EXPRIME ici les sensations que m'a fait éprouver sur le Col-Longet l'aspect d'un horizon extraordinaire.

Quel spectacle inattendu frappe mes regards ! Quel étrange tableau formé par ce ciel noir, cette neige éblouissante, ces monts entassés, ces vallées si profondes, cette atmosphère si pure, ces objets si distincts !....... Le péril m'environne ! Des roches fuyent sous mes pieds, d'autres menacent ma tête ; au terme d'un pénible voyage, un immense précipice me sépare de la nature vivante ; je me retourne, c'est encore un précipice que je vois. Une distraction, un geste, un vertige, peuvent me coûter la vie..... Je crains presque d'ébranler des masses auxquelles mon corps n'ajoute qu'un poids insensible. Je ne vois que des fentes profondes, des éboulemens, des rochers qui glissent, roulent, bondissent et disparaissent.....
Peu-à-peu mon trouble diminue, je m'accoutume à ce magnifique observatoire, je distingue les objets dont je ne

voyais d'abord que les masses ; je les isole, je les étudie, je les interroge ; mon œil moins timide ose mesurer les hardies découpures qui s'élancent vers un ciel d'un bleu sombre ; il sonde la profondeur de ces précipices qui l'effraient. Partout il ne voit que des pics, des crêtes, des dômes, des abymes, des blocs et des débris. Les ruisseaux, les gazons, les bois, les échos, les grottes ne se rencontrent plus dans une région froide, aride et déserte : le zéphyr n'y fait point sentir son haleine printanière; tout y est extrême ; calme parfait ou agitation violente. L'orage y est terrible ; la foudre y éclate à coups redoublés ; les nuages qui s'avancent rapidement sous les formes les plus bizarres, inspirent une espèce de crainte. L'air se brise quelquefois avec explosion, et produit par intervalles un lugubre mugissement auquel succède un silence

...rofond. Tout semble en harmonie avec ...e désert hérissé de rochers, de crêtes ...t de pics. Ici, point de symétrie, point de parallélisme, point de niveau, point d'angles correspondans, point de chaîne prolongée ; tout est d'une irrégularité constante. Les monts groupés à des élévations et à des distances inégales déconcertent l'observateur. Au ...ud-Est, on voit une montagne très-élevée dont le flanc élargi offre un immense amphithéâtre où s'accumulent ...es glaces éternelles ; à l'Est, c'est l'inaccessible *Viso ;* au Nord-Ouest, dans ...e lointain, ce sont encore des glaciers : ...e même qu'éloigné du rivage on ne voit que le ciel et la mer, de même on ne voit ...ici que ciel et montagnes. Sur ce Col, ...oint d'êtres organisés, à l'exception ...e quelques lichens ; point de sources. ...on ne peut se désaltérer qu'en faisant ...ndre la neige qui brille de tous côtés.

Cependant, ô merveille ! ces montagnes informes sont indispensables à l'économie du globe ; leurs flancs arides sont des espèces de réservoirs, d'où l'eau, sagement ménagée par la fonte successive de la neige, ne s'échappe que peu-à-peu par une infinité de sources. Ces pentes rapides ne sont que l'outrage inévitable des siècles ; ces glaciers alimentent nos rivières lorsque la chute de la neige ou de la pluie est insuffisante.

O monts célèbres par tant de prodiges, c'est sur chacun de vos sommets qu'il faudrait ériger un autel ! vos vallées ne sont-elles pas des temples ? vos forêts et vos sources ne sont-elles pas des trésors ? où trouver, sous un désordre apparent, tant de grandeur, tant de majesté, tant d'harmonie ? Que l'homme des premiers âges était bien inspiré quand il offrait des sacrifices sur vos cimes ! N'est-ce pas sur un mont que Dieu dicta les antiques lois d'Israël ? n'est-ce pas sur un mont qu'Abraham fit la plus douloureuse des offrandes ? n'est-ce pas sur un mont que le Divin Rédempteur....... mais je m'arrête ; les souvenirs de Sinaï, de Garizim, de Moria, de Sion, du Thabor, etc. etc. sont trop augustes pour être retracés par ma faible plume..... Tant de témoignages d'amour et de respect dont on prenait à témoin la nature entière, ces élans d'un cœur que de vains systèmes n'avaient pas corrompu, remplaçaient dans les siècles antiques les froides conceptions de ces sophistes inquiets qui se plaisent à déifier le hasard, à isoler la créature de son Auteur comme le monarque du sujet, le riche du pauvre, le serviteur du maître ; qui affaiblissent tous les liens sociaux, mettent tout en problème jusqu'à la vertu, ne voient pas ce qui se manifeste à tous les yeux, L'IMMENSITÉ DE DIEU, SA SUBLIME INTELLIGENCE, LES MERVEILLES DE LA CRÉATION.

VUES
DES ALPES (1).

Le génie des Ruysdael et des Poussins peut l'emporter quelquefois sur les descriptions, mais il n'est pas rare de rencontrer des sites qui semblent créés pour déconcerter le peintre et prouver l'impuissance de son art. La disposition des objets, leur trop grande proximité, le manque de perspective, etc. arrêtent

---

(1) Peut-être aurais-je mieux fait, à l'exemple de M. de Châteaubriand, d'intituler ce Chapitre : *Paysages de montagne* ; mais j'ai donné la préférence à un titre qui, s'il est grammaticalement moins exact, rend mieux mon idée. Il me semble que les mots, *Paysages de montagne*, expriment plutôt les inégalités d'une plaine entrecoupée de hautes collines que le *grandiose* des Alpes.

le plus habile dessinateur, et donnent à la parole ou aux signes qui la manifestent, un avantage incontestable.

L'œil qui interroge la peinture, ne s'arrête d'ailleurs qu'aux surfaces, tandis que le genre descriptif, disons mieux, la poésie descriptive qui en est inséparable et qui constitue son essence, parle à l'imagination avec plus d'exactitude (1). Souvent une seule épithète d'un heureux choix, placée à propos, ne laisse rien à désirer.

Il y a des circonstances où le peintre rivalise avec le poète ; mais souvent aussi la peinture n'offre qu'un corps, tandis

---

(1) Un tableau fidèle de la nature ne peut être que poétique. Otez la poésie, vous désenchantez, vous ôtez la ressemblance. Un style froid et sans images est un tableau sans couleur et sans vie. Lorsque la sultane d'Eldir dit dans ses méditations : « Ce n'est pas le poète qui fait la poésie, » mais c'est la poésie qui fait le poète », elle exprime une vérité incontestable.

que la poésie est toujours ame. Eloigner la vérité et la vraisemblance, c'est faire violence à la nature, c'est presque réaliser l'*humano capiti* d'Horace, et vouloir faire passer pour la copie d'un admirable modèle quelques burlesques gravures de Callot.

Si Buffon eût peint les tableaux dont je hasarde l'esquisse, on aurait devant les yeux les beaux sites dont je vais m'entretenir.

Pourquoi, après avoir tracé avec sa plume de feu les mystères, les prodiges, les institutions, les solennités, les incalculables avantages du Christianisme; après avoir confondu par le sentiment les sophismes de l'esprit, et peint ensuite avec autant de force que de vérité les beautés vierges d'un autre hémisphère, M. le vicomte de Châteaubriand ne nous a-t-il donné dans ses *Paysages de montagne* qu'une faible idée des lieux où la nature étale tant de magnificence ?

Si l'immense voûte du Mont-Blanc et son diadème de cristal nuancé du plus beau carmin par les derniers rayons du soleil, portée avec pompe sur des amphithéâtres de verdure, comme nous l'avons vue des prairies ombragées de Salenche, avait frappé ses regards, ce spectacle magique eût inspiré à l'auteur d'*Atala* une des plus belles pages de ses inimitables chefs-d'œuvre.

I.re VUE.

ENVIRONS DE CHATEAUROUX.

Châteauroux est un petit village dans un site très pittoresque, à une lieue d'Embrun, sur la route de Briançon.

Les montagnes des environs sont calcaires, et s'élèvent au-dessus de 1200 toises.

La hauteur de Châteauroux sur le niveau de la mer est de 526 toises.

Le village de Châteauroux, dont on ne voit de loin que le clocher effilé, se découvre tout à coup. La nature semble avoir entouré de tout ce qu'elle a de plus gracieux ; l'œil ne s'y repose que sur des prairies. Des vergers, dont l'ombre conserve l'émail des fleurs, des frais bocages, des rochers entourés d'arbustes, des kiosques naturels, des eaux qui bouillonnent, bondissent, murmurent, se rapprochent, se fuyent, s'éloignent encore et vont confondre leur pur cristal avec la sombre Durance, sont réunis dans le même tableau. Plus loin, de noirs sapins, des tapis de neige, des rocs fracassés, des cimes arides font ressortir ce site délicieux par la sévérité du contraste.

Il semble que la nature voulut placer à côté de la plus riante harmonie la douloureuse image de la destruction et des ruines, ou plutôt celle du chaos... Le torrent de la Grave (1), après s'être précipité des hautes montagnes, tombe avec encore plus de fracas par une ouverture creusée profondément au milieu des rochers à pic, et se divise en plusieurs branches divergentes. Changeant sans cesse de direction, il bouleverse de fond en comble un large espace compris entre les prairies de Châteauroux et les hauteurs opposées. Des blocs énormes rapprochés, inclinés, confusément entassés ; des cubes de granit, des roches calcaires, des tables irrégulières de schiste, des troncs d'arbres épars remplissent le lit inégal du torrent, ou plutôt le sol dévasté qu'

(1) Ce torrent se nomme aussi *Rabious*, nom d'après lequel il est désigné dans la carte de Cassini. *Rabious* est évidemment dérivé de *rabiosus*, courroucé, furieux.

envahit. Trois moulins construits témérairement sur ses bords annoncent que rien n'est capable d'arrêter l'audace de l'homme, et que tout cède à son active industrie. Ici, le murmure des zéphyrs, l'agitation du feuillage, le gazouillement des oiseaux, ne furent jamais entendus; l'écho ne répète qu'un bruit sourd et monotone. C'est surtout pendant un orage, que du site délicieux de Châteauroux on peut voir sans danger, mais non sans effroi, la nature se dissoudre, les rochers s'ébranler, glisser, rouler, bondir, se briser avec fracas, éclater comme le tonnerre et se confondre avec l'élément furieux qui les entraîne.

II.ᵐᵉ VUE.

GORGES DE LA CHAPELUE.

Les Gorges de la Chapelue, à trois lieues à l'E. de Mont-Dauphin, conduisent dans la vallée du Queyras. Je ne crois pas qu'il y ait dans les Alpes un site plus sauvage.

Les montagnes sont calcaires, et couvertes, près du Veyer, jusqu'à une grande hauteur, d'un manteau de grès blanc ou quartz-grenu jeté sur le calcaire. Elles ont environ 1300 toises.

La hauteur des Gorges de la Chapelue est de 575 toises.

Un quart de lieue au-delà des habitations du Veyer, on arrive à la Chapelue : c'est ainsi qu'on nomme trois maisons, une auberge, un pont et un moulin ombragés par quelques arbres. Ces habitations sont remarquables par un double rang de balcons de bois à pilastres grossièrement travaillés, qui occupent toute la longueur de la façade, et par un toit extrêmement avancé qui les met à couvert de la pluie et de la neige. La figure singulière et le costume d'une vieille femme accoudée sur un de ces balcons étaient en harmonie avec ce lieu sauvage.

Ici, le vallon se rétrécit subitement en une gorge dans laquelle on n'entre pas sans crainte ; tout étonne à mesure qu'on avance. Les rayons du soleil pénètrent à peine quelques instans en été et jamais en hiver dans cette profondeur irrégulière, sinueuse et rembrunie : le torrent qui mugit et se brise, mine sans cesse un sentier étroit, tantôt suspendu sur un gouffre écumeux, tantôt couvert de ses eaux furieuses. Les vastes flancs de deux montagnes, je ne dis pas seulement verticales, mais effroyablement inclinées l'une contre l'autre, anguleuses, caverneuses, saillantes, toujours à peu près parallèles, semblent rapprocher leurs sommets pour englou-

16

tir le voyageur téméraire. On ne peut voir sans crainte des masses énormes ébranlées, suspendues, à demi détachées, n'attendant pour se précipiter que le signal du premier orage. Quelques sapins sortent çà et là d'un roc vertical, le couronnent et se dessinent sur un ciel d'azur. L'aigle seul ose s'approcher de ces arbres solitaires, et mêler par intervalles ses cris aigus au fracas du torrent.

Telles sont les *belles horreurs* qui se succèdent pendant demi-heure. Une chèvre, sans doute entraînée sur l'autre bord par l'impétuosité de la rivière dans un lieu presque inaccessible, était le seul être vivant qui animait ce lieu sauvage.

III.me VUE.

COL DE LA TRAVERSETTE.

Ce Col est situé au fond de la vallée du Queyras, une heure et demie de distance de la Bergerie du Mont-Viso, et presque au pied de cette montagne.

Les plus grandes hauteurs des environs et la partie accessible du Viso sont composés de schiste argileux, luisant, compacte, sonore, à cassure presque fibreuse irrégulière. Ce schiste, qui a l'aspect d'une roche de Phyllade, renferme quelquefois des veines et des cristaux de spath calcaire, jamais du mica.

La hauteur du Col est de 1558 toises, et celle du Viso, qui ne peut être mesuré que trigonométriquement, de 1963 toises.

Du haut de ce Col la vue s'étend à une immense distance. On voit dans le lointain Saluces, Albe, Carignan, Fossano. Des sillons argentés indiquent le cours du Pô, de la Sture et de plusieurs autres rivières. De légers brouillards tantôt en flocons épars, tantôt en gaze demi-transparente, quelquefois semblables à une mer ou à un vaste lac, se projètent sur l'horizon... Tout à coup un nuage pareil à un voile magique, s'avançant avec rapidité, nous dérobe le ciel et la terre, puis les découvre avec la même vitesse. L'œil se promène dans la plaine comme sur une carte géographique : l'imagination, plus subtile et plus rapide, saisissant ce qu'il cesse de distinguer, franchit les espaces pour s'enfoncer dans cette belle Italie si féconde en souvenirs ; elle y suit ces fiers Gaulois qui s'emparèrent de Rome ; elle y croit voir ce grand politique, cet habile guerrier qui, après avoir vaincu la nature, dispersé les plus formidables armées, désunit l'Italie et menace sa capitale....... On se retrace, d'après Polybe et Tite-Live, une foule de lieux célèbres par des victoires ou par d'illusres revers. On réfléchit involontairement sur l'inconstance et les vicissitudes de la fortune, sur la grandeur et la décadence des empires...... On voit les fiers tyrans du monde, ces inexorables Romains, vaincus par le luxe et l'affaiblissement de leur ancienne discipline. Les annales se déroulent, elles s'étendent comme l'horizon; les époques se distinguent : ce fleuve, se dit-on, cet antique Eridan, qui lie la Fable à l'Histoire, a coulé sous la puissance des nations dont le nom même est ignoré; des Gaulois, des Romains, des Africains, des peuples du Nord, des Français, des Espagnols, des Allemands. Ses bords fertiles, enviés de tous les peuples, ont retenti des noms d'une foule de guerriers; ses ondes ont été rougies du sang de toutes les nations, et les nations se sont écoulées comme ses ondes !.... il ne reste que des noms qui passeront encore. Tant de hauts faits, tant d'actions mémorables, tant de prétendus triomphes disparaîtront dans un même gouffre. Je vois les lois et les croyances détruites comme les empires. Au culte sanguinaire du Druide succèdent les pratiques superstitieuses des Aruspices, les fêtes scandaleuses du Dieu du vin et de la Déesse de la volupté ; à celles-ci, un culte pur, sublime, dont la Charité fait l'essence, qui a mis un terme à ces spectacles homicides, ces guerres d'extermination et d'esclavage ; qui a transformé en peuples humains des nations féroces. Puissent les peuples et les gouvernemens se bien pénétrer de ce qu'ils doivent à une religion tutélaire !

IV.me VUE.

COL D'ISOARD.

On traverse ordinairement ce Col en allant du Château-Queyras à Briançon. On passe quelquefois par le Col des Hayes qui est plus élevé, mais couvert de verdure.

Montagnes calcaires, peu de pétrifications marines.

En franchissant le Col des Hayes, on voit des masses énormes de quartz grenu porté sur le calcaire.

Hauteur du Col d'Isoard........ 1225 toises.
Col des Hayes................ 1290.

ENTRE Bunissard et le Col de Servières, des aiguilles calcaires, des crêtes dentelées, caverneuses, percées à jour, bizarrement échancrées, sur lesquelles la nature semble avoir gravé ses antiques annales, diminuent sans cesse d'élévation. La foudre les ébranle, les brise, les renverse; le vent, la pluie, le gel, les rongent et les dissolvent; leurs débris couvrent le fond de la vallée qui les repousse à son tour; les torrens s'en emparent; les roulent, les émoussent, les arrondissent, les réduisent en cailloux, en gravier, en sable, en limon, les transportent dans les rivières et les fleuves, qui les déposent dans la plaine ou les charrient dans la mer. C'est ainsi que l'œil observateur voit insensiblement se détruire l'antique surface du globe; qu'il aperçoit dans le lointain une époque où il ne sera plus habitable s'il ne survient des convulsions et des catastrophes; qu'il voit le Temps applanir les montagnes et niveler le globe, comme celui qui regarde autour de soi voit sa faux rapide en moisonner les habitans.

La nuit nous surprit entre Servières et Briançon, dans un vallon occupé presque en entier par une rivière limpide. Le temps était serein; le brillant Jupiter semblait parcourir le haut des montagnes et suivre notre marche en imitant çà et là, par la réflexion instantanée de sa mobile lumière, des vives étincelles qui semblaient jaillir du sein des eaux. Tandis que nous marchions à petits pas dans le fond de la vallée, ne pouvant juger ni de la grandeur, ni de l'éloignement des objets, nous flottions sans cesse entre la réalité et l'illusion ; tel est le sentier de la vie. Les corps inconnus dont nous n'apercevions que les contours, se présentant de nuit dans une gorge sauvage où les échos ne répétaient qu'un rauque murmure, avaient un aspect *insolite*, quelquefois effrayant. Tantôt ils semblaient s'approcher avec rapidité, imitant des colosses monstrueux ; tantôt ils paraissaient nous fuir. Nous avions à résoudre les problèmes d'une perspective nocturne qui altère non-seulement la forme des objets, mais trompe encore sur leurs distances et leurs dimensions.

V.ᵐᵉ VUE.

ENVIRONS DE SUZE, D'EXILES ET DE BRIANÇON.

Le Mont-Genèvre, du côté du Piémont, est couvert, dans les environs de la grande route, de roches magnésiennes appuyées contre le calcaire. Ses grandes hauteurs et le revers opposé sont tout-à-fait calcaires. On trouve entre le village de Clavière et celui du Mont-Genèvre, qui sont aux deux extrémités de ce Col, beaucoup de variolites semblables à celles de la Durance.

La hauteur de Suze est de 210 toises ; celle d'Exiles, de 464 ; de Clavière, de 963 ; du village du Mont-Genèvre, de 962 ; de Briançon, de 676 ; du fort l'Infernet, de 1229.

De Suze à Exiles la beauté de la nature fait oublier la fatigue qu'on éprouve dans une montée assez longue. Les rochers couverts de lichen, de mousse, de campanulles, ou tapissés de fougère, les filets d'eau qui ruissèlent de toutes parts, les pâturages ombragés par les arbres chargés de fruits, la vigne formant çà et là de magnifiques festons, décorent un de ces sites qui réunit dans l'espace d'un quart de lieue ce que les montagnes offrent de plus gracieux et de plus piquant. Quelques habitations éparses, des bergers, des chèvres au bord des précipices animent ce tableau.

Après deux heures de marche, en côtoyant une montagne, on découvre tout à coup, dans le fond de la vallée qu'arrose la Doire, la forteresse d'Exiles et plus bas le village qu'elle protège. Une multitude d'ateliers dispersés au bord de la rivière s'offrent aux regards ; l'eau conduite dans un long aqueduc en bois, soutenu par un léger échafaudage, met plusieurs machines en mouvement. Nous voyons d'épais tourbillons de fumée ; bientôt nous entendons retentir l'enclume ; quantité d'ouvriers sont occupés à différens travaux. Ici, l'on équarrit des poutres, on taille des pierres énormes, on prépare de la chaux ou des briques; là, une longue file de chariots transporte différentes matières; mille bras concourent avec activité à la même entreprise; un nouveau fort est presque achevé; sa masse colossale élevée sur d'anciennes ruines n'attend plus que le bronze. Cette forteresse, qui semble si formidable, n'est pourtant qu'un point à côté des hauteurs qui l'entourent. D'une certaine distance, tant de travaux disparaissent comme un siècle dans l'abyme des âges !

Quatre heures après avoir quitté ce fort nous arrivâmes au Mont-Genèvre. Ici, le souvenir d'une entreprise funeste aux vainqueurs du monde, la marche la plus savante et la plus hardie que jamais ait conçu et réalisé le génie des combats, me firent oublier involontairement les beautés de la nature. Souvenir terrible ! que de calamités entourent cette ambitieuse vaillance qu'on ose admirer ! Des soldats Africains, accoutumés aux chaleurs d'une zone brûlante, ont foulé cette plaine élevée âpre séjour des nuages et des frimas. Ces éléphans chargés de tours, ces chevaux Numides ont donc ici soulevé la neige pour chercher un aride pâturage. Ces sources ont désaltéré de nombreux bataillons. Annibal lui-même, l'audacieux Annibal a jeté ses impatiens regards sur ces sommets qui m'entourent. Cet Obélisque, en l'honneur d'un conquérant insatiable, s'élève peut-être sur le même sol où fut dressée la tente du vainqueur de Trasimène (1). C'est en vain que la nature lui oppose une barrière de glace, un sol mouvant et l'horreur des préci-

(1) Bonaparte avait fait élever, près du village du Mont-Genèvre, un Obélisque qui subsiste encore, mais dont les inscriptions ont été enlevées.

pices ; il les franchit sans que la perte de ses braves soldats l'arrête un instant. Ces hauteurs escarpées ne lui sont pas moins fatales que la valeur romaine : mais Annibal peut-il rétrograder, et le guerrier ambitieux sait-il toujours écouter la prudence (1) ? N'avons-nous pas vu, vingt siècles après, une armée invincible détruite, par l'imprévoyance de son chef, dans un climat non moins rigoureux, et ses lauriers dispersés sous la neige qui couvrit tout à coup de vastes solitudes ?

Au pied du Mont-Genèvre est une ville autour de laquelle on ne voit que remparts, donjons, redoutes, travaux avancés, et où tout annonce une résistance invincible. De longues files de casernes, des bastions casematés, des

(1) On sait que cinq siècles avant J. C. l'armée que Cambyse envoya contre les Ammoniens fut ensévelie sous le sable du désert.

hauteurs hérissées de batteries, des galeries creusées dans le roc, des réservoirs souterrains toujours pleins d'une excellente eau de source, de nombreuses citernes se succèdent dans cette formidable enceinte. Il faudrait être du métier pour décrire tant de bastions, tant de forts, tant de donjons qui, variant par leurs formes, leur position et leur grandeur, offrent des apparences d'irrégularités dans un ensemble admirable. Je ne puis que donner une faible idée de l'épaisseur des murs, de la solidité des bâtimens, des rochers unis, nivelés ou taillés à pic par la main de l'homme, des hauteurs défendues à la fois par un art ingénieux et une nature menaçante, d'une magnifique place d'armes construite sur une plate-forme auparavant couverte de rochers inégaux, en un mot, des fortifications de toute espèce élevées jusqu'à une hauteur prodigieuse (1).

PASSAGE DES ALPES PAR ANNIBAL.

Tant d'écrivains ont parlé du passage des Alpes par Annibal, que ce sujet serait épuisé si l'on pouvait distinguer la vérité dans une foule d'hypothèses. Strabon, qui cite Polybe, fait dire positivement à cet historien exact, qu'Annibal traversa le pays des *Tauriniens*. Ce ne peut donc être que par le Mont-Genèvre ou le Mont-Cenis qu'il est entré en Italie. Mais comme le trajet par le Mont-Genèvre est le moins long, à partir des environs d'Aëria, où il traversa le Rhône, et que la Durance se trouve dans cette direction, il est très-probable que le général Carthaginois prit la route du Mont-Genèvre, la plus courte pour

(1) Le fort de l'Infernet est à 1229 toises sur le niveau de la mer.

arriver dans les plaines d'Italie. Il dut par conséquent joindre près d'Orange l'antique voie qui d'Arles passait par *Valentia Dea, Mons Seleucus, fines, Vasoincum*, etc. s'écarter un peu de cette route pour joindre ses forces à celles d'un prince qu'il voulait mettre dans ses intérêts, et la reprendre bientôt. Le passage du Mont-Genèvre où elle confluit offrait moins de difficulté que tous les autres, parce qu'il était le moins élevé, le plus facile et peut-être le mieux connu. Ne serait-il pas possible que des fouilles bien dirigées dans la petite plaine, entre le village du Mont-Genèvre et celui de la Clapière, pussent nous découvrir des traces de ce fameux passage ?

La lecture des Mémoires de notre savant concitoyen M. le marquis de Fortia d'Urban, celle de Folard, commentateur de Polybe, m'ont confirmé dans l'idée que j'avais, depuis mon premier voyage au Mont-Genèvre, relativement au lieu où Annibal franchit les Alpes.

Tite-Live, qui n'est point un auteur à dédaigner (1), dit positivement que ce général traversa la Durance, et cite plusieurs circonstances de ce passage qui ont un caractère frappant de vérité. Le silence de Polybe, auteur qui n'avance rien de contraire à ce témoignage, peut-il détruire une assertion positive? Et si Annibal a traversé la Durance, il est

---

(1) Il n'y a pas un quart de siècle qu'on accusait Tite-Live d'aveugle crédulité, parce qu'il parle souvent des *pierres tombées de l'atmosphère*. Aujourd'hui cette assertion est une vérité démontrée. Ne jugeons donc qu'avec beaucoup de circonspection et de prudence des écrivains souvent témoins oculaires des faits qui nous semblent incroyables, surtout lorsque ces faits, dont on ne peut prouver la *non existence*, sont rapportés simplement, et sans être liés à des opinions qu'on veut fortifier, ou à des systèmes qu'on veut établir.

certain qu'il a franchi le Mont-Genèvre, ou du moins un Col des Alpes encore plus oriental et plus éloigné du Mont-Cenis.

Annibal, parti le 21 octobre des bords du Rhône, arriva le 9 novembre au sommet des Alpes; il mit dix-neuf jours à faire ce chemin. Il fallait toute l'activité du vainqueur de Cannes pour qu'il pût franchir avec son armée cette distance en aussi peu de temps, au milieu des défilés, et quelquefois entouré d'ennemis qu'il eut à combattre à une époque où les routes étaient moins praticables, et où il fut cependant obligé de traverser plusieurs fois la Durance.

Polybe dit, qu'après s'être arrêté dans l'Insubrie (le Milanais) soulevée contre les Romains, Annibal soumit les Tauriniens. Il est probable que, traversant d'abord paisiblement le pays des Tauriniens, il ne combattit ces peuples qu'après avoir fait rafraîchir son armée en Insubrie, pour ne pas laisser sur ses derrières un ennemi qui aurait pu l'attaquer en même temps que les Romains, et qui se disposait sans doute à cette agression.

La connaissance que j'ai des principaux passages des Alpes, me fait adopter avec confiance un système d'autant plus probable qu'on ne peut le renverser par aucune objection bien fondée, et qu'il concilie naturellement Polybe et Tite-Live.

VI.me VUE.

GLACIER D'ALLEFROIDE.

Ce Glacier est au fond de la Vallouise, à trois ou quatre lieues de Briançon, à l'extrémité d'une vallée très-riante et bien arrosée. L'on voit d'un côté des sapins et des mélèses, et de l'autre des vignes cultivées jusqu'à la hauteur de 643 toises ! Les montagnes sont d'un granit gris-cendré ; au-dessus d'elles s'élève le Pelvoux à plus de 1900 toises sur le niveau de la mer.

Le pied du Glacier, éloigné d'environ 4 heures de la Vallouise, est à 965 toises de hauteur, et le village du même nom, à 622.

En quittant la Vallouise, après avoir remonté demi-heure la rive gauche du Gy, on arrive au petit hameau de St-Antoine où l'or des moissons fait encore ressortir, à la fin d'août, l'émail des prairies situées au pied des rochers d'où une eau limpide, ruisselant de toutes parts, forme de belles cascades et tombe en nappes, en filets et en pluies d'argent. Des bosquets de trembles y protègent une foule d'arbustes qui balancent doucement sous leur ombre. Ce site renferme mille beautés favorables aux méditations du sage, à l'inspiration du poète et aux doux rêves de l'amant. Le hameau du Clos (1) semble avoir été

(1) Le Clos (*Clausus*) porte ce nom parce qu'il est entouré de rochers.

bâti dans le lieu le plus propice pour admirer ce site enchanteur. Non loin de ces habitations, on découvre le cône granitique du Mont-Pelvoux, empire inaccessible des neiges éternelles. Il domine fièrement des barrières immenses que des crêtes, des aiguilles, des pyramides hérissent de toutes parts.

Du hameau du Clos on monte jusqu'au bord d'un précipice, au fond duquel le Gy roule ses eaux furieuses. Quelles immenses décorations ! quelle magique perspective ! quelle effrayante profondeur ! quel vaste théâtre ! Avec quelle netteté l'œil distingue tous les points d'un horizon inégal !

Ces cimes élancées, cette ombre épaisse en opposition avec la plus vive lumière, cet horizon bizarre, ces roches rembrunies, ces abymes obscurs sont inconnus au vulgaire, ou ne lui sont transmis que par une toile muette,

Qu'on oublie aisément, dans un tel site, les viles grandeurs, les basses intrigues, les ambitieux projets !......
Sans crainte et presque sans désirs, on y voit du même œil le rocher menaçant et son ombre hospitalière.

Bientôt se présente un vallon uniforme et déboisé où coule le Gy. La vue qui se reposait naguère sur des objets si divers, est attristée par l'aspect uniforme de ce vallon qu'on ne remonte qu'avec ennui à travers un labyrinthe de rochers. L'oreille n'entend que le bruit rauque du ruisseau qui rafraîchit vainement ses bords stériles. On entre enfin dans un cirque ovale de 7 ou 800 toises de diamètre, rempli de débris granitiques, nivelé par le torrent qui s'y divise en plusieurs branches. A droite est un joli bois rempli de *daphnés* mêlés aux *rhododendrons*, et bordé d'*épilobes* aux pyramides purpurines. Vis-à-vis sont des rochers couverts de neige ; dans le fond, un glacier à pic dont les ramifications forment les plis de l'immense écharpe jetée sur le gigantesque Pelvoux. Au bas de ce glacier escarpé, le Gy s'échappe d'une voûte profonde dont l'entrée est un brillant portique sous lequel on voit confusément entassés des blocs énormes qu'on prendrait, selon les divers aspects sous lesquels s'offre ce portique, tantôt pour les matériaux, tantôt pour les ruines d'un palais de cristal bâti par des Géans.

VIIme VUE.

GLACIER DU MONETIER.

Ce Glacier est situé au midi du village du Monetier, éloigné de deux lieues de Briançon, sur la petite route de cette ville à Grenoble.

Montagnes d'un granit grisâtre, contre lesquelles sont appuyés des schistes-ardoises.

Hauteur du Glacier............ 1160 toises.
Hauteur du Monetier............ 764.

Au Monetier-de-Briançon, mes yeux ne pouvaient abandonner un tableau aussi régulier dans son ensemble que varié dans ses détails. On peut se figurer, au-delà d'une prairie sinueuse, un triple rideau de collines formant un vaste amphithéâtre couvert de mélèses rapprochés dans les plus bas gradins, et n'offrant sur les grandes hauteurs que des arbres nains et tristement solitaires. Mais, comment se représenter une chaîne de montagnes couronnée d'une immense et longue forteresse de glace qui, vue de près, offre des cavités profondes, des coupes hardies, des *retraits* immenses, d'effrayans précipices ? Comment peindre un fragile cristal ébranlé, porté sur un appui qui perd à chaque instant de sa force, imitant des cubes, des prismes, des pyramides? Là, ces étonnantes masses sortent du sein d'une neige dont le vent enlève par tourbillons une froide et redoutable poussière (1). Ici, nuancées de vert et d'azur, elles réfractent ou réfléchissent mille rayons d'une lumière *irisée*. Plus loin, des blocs diaphanes, après s'être détachés de l'inexpugnable forteresse avec une explosion dont les échos caverneux prolongent le roulement, tombent, glissent, bondissent; et s'arrêtant quelquefois au milieu de la verdure, offrent l'étrange contraste d'un éternel hiver au milieu des fleurs les plus délicates du printemps (2).

(1) Cette neige pulvérulente, enlevée par tourbillons, peut asphixier le voyageur imprudent ou téméraire, et lui servir de tombeau.

(2) Ce tableau, qui n'a rien d'exagéré, comme on pourrait le croire, se retrouve dans le glacier

VIII.me VUE.

CHALETS DES ARCINES.

A demi-heure du Monetier-de-Briançon est le village des Cassettes, d'où il faut monter pendant trois heures pour arriver aux Châlets des Arcines les plus voisins de La Grave. Ces Châlets sont au milieu des prairies. Au nord, s'élève une montagne couverte de pâturages jusqu'à son sommet; au sud, en-delà d'un vallon nu, on ne voit que des cimes couronnées de glace.

Un granit gris-cendré, qui varie plutôt par la grandeur de ses cristaux que par la nature de ses élémens, forme presque en totalité les hautes montagnes renfermées dans le triangle compris entre La Mure, Gap et Briançon.

La hauteur des Châlets est de 1064 toises.

Le site des Arcines ne peut être comparé à aucun autre ; on croit toucher

des Bossons, à une lieue de Chamouni. On y voit des obélisques et des pyramides de plusieurs centaines de pieds.

Ma femme, qui ne marche qu'avec crainte au

aux limites du globe. D'immenses *escarpemens* semblent porter le ciel. Un vallon grisâtre, nu, uniforme, nivelé dans le fond, sillonné par un ruisseau qui promène ses eaux glaciales, s'enfonce profondément au sud. Un autre vallon qui le coupe à angles droits,

bord d'une pente rapide, arriva au Montanvert sans descendre de cheval, même au bord des précipices. Ne se contentant pas de cueillir sur cette montagne *des fleurs d'une main et de toucher le glacier de l'autre*, elle s'avança au bord des crevasses les plus profondes pour admirer les détails de la scène extraordinaire dont elle ne pouvait détacher ses regards. Elle se promena, aux Bossons, dans un labyrinthe de glaces menaçantes, avec la même sécurité que dans un bocage enchanteur; tant l'enthousiasme fait oublier les périls! Une très-aimable Parisienne, Mme T....r partagea gaîment le même danger. Excitons chez les femmes les nobles sentimens qui les transportent bientôt jusqu'à l'enthousiasme; dès lors, les plus douces vertus, les plus généreuses résolutions ne manqueront pas d'héroïnes, et les héros deviendront presque aussi nombreux que les amans.

surmonté çà et là d'un rempart de glace, termine cette aride perspective. Ici, les troupeaux cherchent en vain un maigre pâturage, et l'infatigable chasseur des Alpes, familiarisé avec les périls, ne s'enfonce presque jamais dans ces régions désertes.

Les Châlets des Arcines, notés sur la carte de Cassini, forment un petit hameau d'été à côté duquel murmure un ruisseau d'une eau limpide. Ce hameau n'est habité que par des femmes et de jeunes personnes occupées à soigner les troupeaux ou à préparer le beurre et le fromage. Elles ne voulaient pas nous recevoir dans un lieu interdit aux hommes. Ce ne fut qu'avec beaucoup d'instances suivies d'une délibération assez longue, que l'Aréopage féminin nous permit de passer la nuit dans un de ces misérables Châlets. Cette faveur, que l'intérêt n'avait pu obtenir, ne nous eût jamais été accordée si l'on avait cru qu'il nous fût possible de descendre la nuit, sans danger, au village le moins éloigné.

Mlle Marie Gonet, de Villard-d'Arène, qui, au milieu de ses compagnes hâlées, semblait réunir les grâces et la fraîcheur de son sexe, après nous avoir installés très-gracieusement dans sa bergerie, fut passer la nuit chez une voisine ; nous prouvant par sa complaisance que *la bonté*, comme dit Montaigne, *est à deux doigts de la beauté*.

Nous couchâmes, ici, dans une espèce de crèche, ou plutôt dans une caisse remplie de menus joncs, qui, fermée par un grillage du côté de l'étable, servait en notre absence d'observatoire à la surveillante nocturne, et de râtelier aux vaches dont nous ressentions quelquefois les humides naseaux.

IX.ᵐᵉ VUE.

BERGERIE DU VISO.

Spectacle d'une belle Nuit à une hauteur de 1296 et de 1763 toises.

Cette Bergerie, près du Col de la Traversette, frontière du Piémont, est une des plus élevées de l'Europe. Sa hauteur est à peu près celle du Couvent du Grand St-Bernard. Elle est à 4 lieues de l'Echalp, dernier village de la vallée du Queyras, de 910 toises sur le niveau de la mer.

Toutes les montagnes et les cols des environs sont formés de schistes luisans, grisâtres, ou d'un gris-verdâtre, sonores, à cassure irrégulière, quelquefois conchoïde, formant des plaques épaisses, inégales, jamais feuillées.

La nuit fut calme et silencieuse : nul oiseau, nul insecte, nul animal aquatique, ne se font entendre dans cette froide région. La lune répandait sur les sommets argentés une lumière douce et pure. **La transparence de l'air était parfaite.**

Nous distinguions tous les objets avec une netteté inconnue dans la plaine ; il n'y avait ni brouillards ni nuages. Nous admirions les montagnes couvertes de neige et leurs découpures hardies, à travers les sombres arceaux qui relevaient le fond d'un magique lointain : optique sublime, vue extraordinaire à laquelle on ne peut rien comparer.

Lorsque dans les régions élevées, avec les derniers rayons du soleil s'est évanoui un faible degré de chaleur ; lorsqu'après le crépuscule l'air refroidi ne contient plus d'exhalaisons étrangères, quel admirable tableau ! Que de feux scintillent de toutes parts ! Tantôt éclairés par l'astre de la nuit, on distingue les objets sous des formes et des apparences nouvelles ; tantôt l'incertaine clarté des étoiles permet à peine de les entrevoir. Des points brillans qui paraissent tout à coup à différentes éléwations entre les sommets des montagnes, sur un ciel noir, jètent un éclat inconnu dans l'atmosphère de la plaine : on croirait voir un nouveau ciel. Des milliers de soleils invisibles dans les régions inférieures remplissent le firmament. C'est dans ces lieux qu'Herschell, si riche en découvertes, aurait pu en augmenter le nombre à l'aide des verres, dont les couches moins pures de l'atmosphère inférieure paralysent la puissance.

Le spectacle dont fut témoin de Saussure, la veille de son départ du Col-du-Géant, peut trouver ici naturellement sa place.

« La dernière soirée (18 juillet 17)
« » que nous passâmes sur le Col-du-
« » Géant (1), fut d'une beauté ravis-
« » sante. Les cimes qui nous dominaient

(1) Ce Col, près du Mont-Blanc, est élevé de 1763 toises.

» les neiges qui les séparent se colorè-
» rent des plus belles nuances de rose
» et de carmin ; tout l'horizon de l'Ita-
» lie paraissait bordé d'une large cein-
» ture pourpre, et la pleine lune vint
» s'élever au-dessus de cette ceinture
» avec la majesté d'une reine, et teinte
» du plus beau vermillon. L'air autour
» de nous avait cette pureté et cette
» limpidité parfaite qu'Homère attribue
» à celui de l'Olympe, tandis que les
» vallées remplies de vapeurs qui s'y
» étaient condensées semblaient un sé-
» jour d'épaisses ténèbres.

» Mais comment peindrai-je la nuit
» qui succéda à cette belle soirée, lors-
» qu'après le crépuscule la lune bril-
» lant seule dans le ciel, versait les
» flots de sa lumière argentée sur la
» vaste enceinte des neiges et des ro-
» chers qui entouraient notre cabane !!
» Combien ces neiges et ces glaces,

« dont l'aspect est insoutenable à la
» lumière du soleil, formaient un éton-
» nant et délicieux spectacle à la douce
» clarté de la nuit ! Quel magnifique
» contraste ces blocs de granit rembru-
» nis et découpés avec tant de netteté
» et de hardiesse formaient au milieu
» de ces neiges brillantes ! Quel mo-
» ment pour la méditation ! De com-
» bien de peines et de privations de
» semblables momens ne dédomma-
» gent-ils pas ! L'ame s'élève, les vues
» de l'esprit semblent s'agrandir ; et au
» milieu de ce majestueux silence, on
» croit entendre la voix de la nature et
» devenir le confident de ses opérations
» les plus secrètes. » (De Saussure,
Voyag. dans les Alpes, tom. 7, *p.* 369.)

Il manquait à notre Ville un Ouvrage qui pût guider le Voyageur dans ses murs, et lui indiquer les objets curieux qu'ils renferment. J'ai fait mon possible pour réparer cette omission : mais, faire son possible n'est pas toujours réussir. Quoique ce petit livre comprenne beaucoup de choses en peu de mots, je suis loin de le regarder comme complet, et à plus forte raison, comme exempt d'erreurs. Des Ouvrages de ce genre, en laissant toujours quelque chose à désirer, renferment des notions si diverses, qu'il est bien difficile à un même auteur de ne se tromper sur aucune. Puisse ce Panorama être agréable à mes concitoyens (1) auxquels je l'ai dédié, en le faisant paraître sous les auspices du MAGISTRAT qui les représente !

(1) Toute mon ambition est de plaire à mes concitoyens, sans renoncer au privilége de m'expliquer librement sur les choses honnêtes et celles qui ne le sont pas. (Pindare, *Nem.* 8. *v.* 64).

J'ai peint les objets fidèlement comme je les ai vus, et je me suis exprimé comme j'ai senti. Il n'est pas une pensée qui ne soit sortie de mon cœur ; si je me suis trompé, ma franchise sera mon excuse (1).

J'ai fait l'éloge de nos aïeux et celui de nos contemporains toutes les fois que j'en ai eu l'occasion. Si l'Histoire impartiale doit rendre hommage à la vérité, cette obligation est sacrée lorsque la bienfaisance nous l'impose. Puisque chaque âge a ses vertus et ses vices dominans, il n'y aurait pas moins d'injustice à dénigrer sans cesse les mœurs et les usages des temps passés, que de l'orgueil et de la prévention à toujours vanter le nôtre. Dieu veuille qu'on nous juge moins sévèrement que ce que nous jugeons nos ancêtres, et que le siècle de notre téméraire philosophie ne soit pas regardé dans la suite, malgré nos lumières physiques et l'extraordinaire dé-

(1) Mes paroles ne sont jamais éloignées de ma pensée. (Pindare, *Isthm.* 6. *v.* 105.)

veloppement des sciences qu'elles éclairent, comme le siècle de la présomption et de l'égoïsme !

Pour ne pas entrer dans plus de détails relatifs à sa manière de voir et de sentir, et pour répondre d'avance à ceux qui pourraient le juger sans assez le connaître, l'auteur de cet opuscule déclare avec la plus grande franchise qu'un lien sacré, universel, indissoluble, l'unit étroitement à tous les hommes ; et que s'il ne pense pas toujours comme le grand nombre, estimant les bons dont il aime le commerce, plaignant les méchans qu'il évite et dont rien ne saurait le rapprocher, il les confond tous dans la sincérité de ses vœux bienveillans. Il voit avec indifférence les futiles avantages qui flattent passagèrement l'orgueil de l'homme. Ces mots, DIEU, CHARITÉ, JUSTICE, gravés dans son cœur, sont la devise qu'il a adoptée. Elle est ensemble sa philosophie et son code ; elle lui offre des consolations pour le présent et la plus douce espérance pour l'avenir.

Observation relative à la page 21.

Nous devons à un heureux hasard la Vue du Château de Montfaucon, lithographiée d'après un joli Dessin de M. l'Ingénieur Gay. Pour qu'on n'accuse pas l'artiste d'inexactitude, nous observons que le bâtiment moderne représenté dans cette Vue n'est point encore terminé.

NOTICE

DU MUSÉUM *CALVET*.

Ce Musée, fondé en 1810 par M. Calvet, s'enrichit tous les jours. Les objets qu'il renferme peuvent être compris dans les quatre divisions suivantes :

1.° Inscriptions, Bas-reliefs, Statues et autres monumens antiques ;

2.° Médailles ;

3.° Bibliothèque ;

4.° Tableaux.

I.° MONUMENS ANTIQUES.

INSCRIPTIONS.

L'Administration du Musée *Calvet* vient d'acquérir dix-huit Inscriptions et beaucoup d'autres objets antiques trouvés dans l'ancienne capitale des Vauconces (aujourd'hui Vaison). Ces Inscriptions, jointes à celles que nous possédions déjà, forment une collection d'autant plus intéressante que la plupart sont citées par des antiquaires recommandables. Nous les rapportons ici, fidèlement transcrites.

VASIENS. VOC.
C. SAPPIO. C. FILIO. VOLT.
FLAVO
PRAEFECT. IVLIENSIVM. TRIBVN.
MILITVM. LEG. XXI. RAPACIS.
PRAEF. ALAE THRACVM HERCVLANIAE. PRAEF. RIPAE FLVMINIS EUPHRATIS QVI HS |$\overline{\text{XII}}$| REI
PVBLICAE. IVLIENSIVM QVOD AD
HS |$\overline{\text{XXXX}}$| VSSVRIS PERDVCERETVR. TESTAMENTO RELIQVIT.
IDEM HS. $\overline{\text{L.}}$ AD PORTICVM ANTE.
THERMAS MARMORIBVS ORNANDAM LEGAVIT.

19..

Cette pierre a été trouvée à Vaison. *Manuscr. Calvet*, *T.* 3. *p.* 74. (*).

IIIIIVIR AVG.

C. VIREDIO.

SEVERO.

Inscription ornée de moulures, trouvée à Laudun en Languedoc. *T.* 3. *p.* 79.

CATIAE. T. FIL. SERVATAE. FLAM
IVL. AVG. VAS. VOC. Q. SECVNDIO
ZMARAGDO IIIIIVIR. AVG. MARITO
EIVS. T. CATIVS. SEVERVS
FRATER. ET. H. F. C EX TESTA-
MENTO.

Pierre trouvée à Vaison. *T.* 3. *p.* 98.

(*) Les lettres *T. p.* placées à la fin des articles indiquent le tome et la page du Manuscrit CALVET, où sont rapportées les diverses Inscriptions.

MACKAE SEVE
SEVFIRINE M
EMORIAE AET
ERNAE AVRELI
VS VALERIAN
VS SIWIVO CO
IVGI ET SIBE
CIVIS VER VERG
ELLESES MACI SE
VERINI SOROR T
REBVNI LEGION
IS SECVNDESIT
ALICES.

Cette inscription, à demi effacée et très-difficile à lire, est ainsi rapportée dans le *Voyage littéraire de deux Bénédictins*. Quoique la copie que j'en donne d'après ces Savans ne me semble pas de la plus rigoureuse exactitude et qu'elle laisse beaucoup à désirer, je n'y ferai aucun changement.

Cippe ou autel en pierre portant cette inscription :

D. M.
Q. TITIAE Q. F.
VERATIANV
S VXORI K.S.ME.
S. A. D.

Cette inscription a été rapportée par Millin d'une manière inexacte, ce qui m'étonne chez un Antiquaire aussi distingué.

Martin en parle aussi, page 78.
(De Vaison.)

Petit autel en marbre ; on lit :

MARTI.
T AGILEIVS Q. F. RVFVS.
SEX. AGILEIVS Q. F. PEDO.
V. S. L. M.

Cette inscription est citée par Millin, *Voyage dans le Midi*, *T. IV*, *pag.* 148.

Martin, *pag.* 74.

(De Vaison.)

Cippe portant cette inscription :

MARTI

L. CEIONI

F. V. S. L. M.

Millin, *T. IV. pag.* 148.

La première lettre de la dernière ligne manque dans l'inscription, copiée peu fidèlement par cet Antiquaire. Il a écrit E au lieu d'L, lettre par laquelle commence le second mot, et a omis l'F, première lettre du quatrième.

(De Vaison.)

Autre sur une pierre.

T. F.
D. M.
CRAX. HON.
IN FRONT.
P. XXXX.
IN AGRVM
P. CXXXX.....

Le reste manque.

Calvet, *Manuscr.* **T. V.** *pag.* 357.
Millin, **T. IV.** *pag.* 149.

(De Vaison.)

Autre sur pierre.

D. M.
CAT. PAT
ERNE. DEF.
ANN. V. M.
II. DIE. XIX.
SEX. CAT.

Martin, *pag.* 77.

(De Vaison.)

Autre autel en pierre, sur le devant duquel on voit en relief une jeune personne.

PROXVMIS
POTITA. C. COD
ONI. F.V.S.L.M.

On voit sous cette inscription une petite statue avec une draperie. Aucun Antiquaire n'a cité ce monument remarquable.

(De Vaison.)

Inscription sur pierre.

D. M.
M. VALERI. SEVERI.
LICINIA. VERA. MATER.
FILIO KARISSIMO.

Voy. Martin, *pag.* 77.

(De Vaison.)

Autre inscription sur pierre.

> Q. CAFATI
> PRIMI ET
> CAPELLAE
> DECVMI. F.
> IN. FR. P.
> XX. IN AGR.
> P. XV.

(De Vaison.)

Autre sur une pierre arrondie par le haut ; probablement une borne.

> IN FRON
> SECVND.
> VEAM. PVB.
> P. XVIII.

Calvet, *Man.* **T. VI.** *pag.* 148.
Millin, *Voyage dans le midi*, **T. IV.** *pag.* 149.

(De Vaison.)

Autre pierre de même forme que la précédente.

M.
S. S.
SIBI. ET. SVIS. DETER
MINAVIT. IN. AGRVM.
P. LXX.
F. P. XXX.

Calvet, *Man. Tom. V. pag.* 88.
Millin, *Voyage dans le midi*, *T. IV. pag.* 149.

(De Vaison.)

Autre inscription sur pierre.

FESTVS SEVIR. S..........
Le reste manque.

Autre :

† HIC IN PACE
REQVIESCIT
SANCTAE
MEMORIAE
ERIPIVS PBR.
QVI VIXIT
AÑS. XXVII.
MENS. X. D. XVIII.
OB. VIII. KL. FBR.
P. C. † ITERVM
AGAPITI. V. C.
CONSS. †

Cette inscription est d'autant plus précieuse pour nous, qu'elle est rapportée fidèlement par Fantoni, *Hist. d'Avignon*, part. 2. pag. 243. *Le prêtre Eripius*, dit cet historien d'après le père Colombi, *mourut à Vaison en* 517, *pendant le Concile d'Albon*, au diocèse de Vienne, où l'on fit quarante Canons dont le vingt-unième abolit la consécration des veuves nommées *Diaconesses*.

(De Vaison.)

Fragment en marbre, sur lequel on voit le monogramme du Christ dans une couronne de laurier. On lit :

FLORENTIOLE

PAX

TECVM

Il manque la moitié inférieure des trois dernières lettres du mot TECVM.

Millin, *Voyag. T. IV. pag.* 148.
Calvet, *Manuscr. T. V. pag.* 355.

(De Vaison.)

Épitaphe du sénateur Pantagatus, en marbre blanc.

✝ In lustris titulis meritisque haut dispar avorum
Pantagatus fragilem vitæ cum linquerit usum
Malluit hic propriæ corpus committere terræ
Quam precibus quæsisse solum. Si magna patronis
Martyribus quærenda quies, sanctissimus ecce
Cum sociis paribusque suis Vincentius ambit.

20.

Hos aditos, servatque domum, dominumque tuetur
A tenebris, lumen præbens de lumine vero.
Militiam si forte roges quam gesserit ille
Præstiteritque boni positis in luce superna,
Quem sic Christicolæ celebrent post fata jacentem;
Invenies quod jura dedit, justissima sanxit
Arbitriis, nam custos patriæ, rectusque vocatus
A patria, rexit quoniam promptissima cives
Libertate animi, parcus sibi, largus amicis,
Et fidus dominis. Primum quod postulat ordo.
Vitæ ei æternum fama transmittit in orbem.
Abstulit hunc rebus decimo mors invida lustro.
Namque senatoris posuit post singula vitam. †

L'épitaphe précédente est traduite en français dans le *Voyage littéraire de deux Bénédictins*, *T. I. pag.* 240. Elle était conservée dans la nef de l'ancienne Cathédrale de Vaison bâtie en 910.

(De Vaison.)

Un Pantagathe, commentateur de Cicéron, est cité dans les notes que Godofrède a ajoutées à son édition des OEuvres de cet Orateur. Voy. *Cic. pro domo sua, pag.* 567. *Ciceronis Opera omnia; Genevæ, Chouet*, 1660.

D. M.
FELICVLAE
VALERIVS. FE
LICIO. MATRI
ET ANCILLAE POS.

Trouvée à Laudun. Calvet, *Manuscr.*
T. III. pag. 107.

C. OTACILIO. C. F. VOL.
OPPIANO. IIII. VIR.

Cippe en marbre blanc, découvert à Graveson (Provence), en 1793, remarquable par la beauté des moulures, de la corniche et du socle. Ce marbre représente un siége très-saillant de juge ou de préteur, tel qu'on le voit sur quelques médailles d'Auguste assez rares : à côté de ce siége sont des faisceaux de verges surmontés de trois feuilles de laurier.

DIS. MANIB.

L. PLOTI

APOLLONIDIS. F.

V. A. XIII. M. II. D. X.

Petit tombeau en marbre blanc avec son couvercle, chargé d'ornemens, trouvé à Nîmes. Calvet, *L. III. pag.* 129.

FVLGVR

CONDITVM.

Pierre trouvée sur la montagne de Saint-Jean à Laudun. Calvet, **T. III.** *pag.* 35.

APOLLINI

VALERIVS

FELICIONIS.

V. S. L. M. F.

Cippe en pierre grossière trouvé dans le bois de Claris, près de Roquemaure. Calvet, **T. III.** *pag.* 39.

FATIS. VOTM

S. L. M.

Cippe en pierre grossière représentant les trois Parques. Calvet, *T. III. p.* 5o.

NYMP

Inscription d'un petit autel de forme élégante, trouvé à Nîmes. Calvet, *T. III. pag.* 57.

D M

RVRICIVS. PRAEF. ET. IBERIA. F.
PROTOCTETO. F. CC. ☉. M. I. D.
VII.

Cette inscription est celle d'un tombeau en marbre noir très-bien conservé, (trouvé, dit-on, à Arles), que M. Deleutre a donné au Muséum Calvet en 1825. Calvet, *Tom. III. pag.* 131.

Caillou scié portant cette inscription :

VENERI GENITRICI
SABINA AVGVSTA
D. D.

---

† AN DOMINICE INCARNATIONIS M.CLXXX. ID. IAN OB. PETRVS SACERDOS ET FRT. NOSTER. †

M. l'abbé Devéras, dans un manuscrit intitulé : *Inscriptions et Epitaphes d'Avignon*, dit que cette épitaphe est la plus ancienne de son recueil.

Ce Pierre est probablement Pierre II, dont parle Nouguier, page 61, dans son *Histoire chronologique de l'Eglise, Evêques et Archevêques d'Avignon.*

---

† XVIII. KL.
FEB. DEDI
CACIO
―
SCI. STEPHA
NI. PROTO
MRTIR. †

Nouguier rapporte dans son *Histoire de l'Eglise d'Avignon* « qu'en 1318, le 13
» septembre, Jean XXII transféra la pa-
» roisse de Saint-Estienne à l'église de la
» Magdelène. Cette translation fut faite
» d'autant que l'église de Saint-Estienne,
» bâtie sur la roche joignant la Cathé-
» drale, avait été occupée et mise dans
» l'enclos du Palais apostolique. » L'inscription ci-dessus, trouvée à Avignon parmi les ruines de la Magdelène, évidemment antérieure à 1318, y a probablement été apportée de l'ancienne église de Saint-Etienne à l'époque désignée par Nouguier.

On pourrait soupçonner que l'église de Saint-Etienne a été consacrée en 1262, sous l'épiscopat d'Étienne 1er, si les caractères de l'inscription ne semblaient pas appartenir à un siècle plus éloigné.

Pierre trouvée très-bien conservée dans le vestibule d'un Temple en Egypte, portant une inscription hiéroglyphique et des figures en relief.

Au mois d'Avril 1822, le Conseil général du Département a fait élever, dans la Salle basse du Musée, un monument avec cette inscription :

A JEAN ALTENT, PERSAN,
INTRODUCTEUR ET PREMIER
CULTIVATEUR DE LA GARANCE
DANS LE TERRITOIRE D'AVIGNON
SOUS LES AUSPICES
DE M.r LE M.quis DE CAUMONT
EN MDCCLXV.
LE CONSEIL GÉNÉRAL DU DÉP.t
DE VAUCLUSE MDCCCXXI.

BAS-RELIEFS, STATUES, ARMES ET AUTRES OBJETS ANTIQUES DE TOUT GENRE DÉCOUVERTS EN DIFFÉRENS LIEUX.

Vingt bas-reliefs en marbre et en pierre, parmi lesquels on remarque :

1° Une tête colossale de Jupiter Ammon, trouvée à Caderousse ; elle porte une bandelette qui tient les cheveux attachés au-dessus du front, et dont les deux bouts passent entre les cornes. Le dessin est de bon goût.

2° Une superbe frise enrichie de sculpture et de feuilles d'acanthe, dont l'antiquité remonte au plus beau siècle des arts. L'artiste a placé adroitement différens objets parfaitement dessinés dans les intervalles qui se trouvent entre les ornemens. On y voit un Génie tenant une corbeille pleine de fruits, un lapin qui ronge une pomme, un escargot, une chouette entre deux oiseaux qui l'agacent, un rat, un écureuil, etc. Cette frise a été trouvée à Vaison : elle a 5 pieds 4 pouces de longueur sur 2 pieds de largeur, et 1 pied 7 pouces de hauteur.

3° Un bas-relief en marbre, ayant 8 pieds 10 pouces de longueur et 2 pieds 9 pouces de hauteur, représentant l'entrée triomphante de l'armée romaine dans la ville de Jérusalem : l'architecture en est remarquable ainsi que les coiffures des femmes israélites. Ce monument du XVme siècle était dans l'église des Célestins.

Trente statues, bustes et têtes, la plupart en marbre ; les plus apparentes sont :

1° Un torse en marbre blanc, d'une statue de femme d'un beau dessin ; elle est couverte d'une draperie très-légère jetée avec grâce, et qui laisse voir toutes les formes : trouvé à Vaison.

2° Copie antique de l'Hercule Farnèse ; elle est en marbre et de grandeur naturelle.

3° Déesse inconnue, en marbre, dont la tête et les bras manquent.

4° Une tête colossale en marbre blanc, qui paraît être celle d'Apollon ; d'un bon goût : trouvée à Vaison.

5° Autre tête colossale de Tibère, en marbre ; la parfaite ressemblance, la correction du dessin et la beauté du travail ne permettent pas de douter qu'elle ne soit d'un artiste grec.

6° Tête en basalte, d'une Divinité égyptienne, d'un bon travail, trouvée, dit-on, dans la rue de la Tête-noire, à Avignon.

7° Buste colossal en marbre de Paros, qui a quelque ressemblance avec l'empereur Adrien : la manière en est austère et un peu sèche.

8° Tête en marbre, qu'on dit de Jupiter, avec la barbe et le diadème ; elle a beaucoup de ressemblance avec celle de Bacchus Indien ; elle a été trouvée à Avignon, à côté du Palais, dans la maison de M. Pamard, où la tradition place le temple de Jupiter.

9° Tête de Silène dans l'ivresse, en marbre de Paros ; l'expression ne laisse rien à désirer.

10° Têtes de Satyres, en marbre et en pierre, dont la plupart d'un très-bon style.

11° Têtes en marbre, de Janus, de Silène, de Consuls, d'Empereurs romains, et de différens personnages inconnus.

12° Buste, en marbre, d'une jeune fille tenant la main droite sur l'épaule gauche, sans draperie, ayant un bracelet au bras droit ; d'un très-bon dessin.

13° Tête d'Atys, avec le bonnet phrygien. L'antiquité ne nous a rien transmis de plus fièrement dessiné que cette tête : elle est en albâtre, les yeux sont creux pour contenir une pierre de couleur : trouvée à Mégare en Achaïe.

14° Statue mutilée, en marbre, représentant une femme couchée contre une colonne ; on croit que c'est une Vestale condamnée à mourir de faim : la draperie est de toute beauté. On dit qu'elle a été trouvée à Vaison. Son antiquité est douteuse.

Bustes et Têtes modernes.

1° Belle tête de Vitellius, en marbre, d'après l'antique, par Pujet.

2° Buste de Calvet, fondateur du Muséum ; il est en marbre de Carare, de la main de J. B. Peru, d'Avignon.

3° Buste de Joseph Vernet, en marbre, par Joseph Brian, d'Avignon.

Quatre Tombeaux étrusques apportés de Chuisy, ancienne capitale des Etrusques, près de Vélétri, aujourd'hui Voltera.

Le 1er, en albâtre, représente la chasse de Méléagre au sanglier de Calydon. Le couvercle représente une femme tenant de la main droite un bouquet, et de la gauche une pomme.

Le 2ᵉ représente le départ de l'ame pour les Champs-Elysées. Sur le couvercle est représentée une femme couchée tenant une patère à la main.

Le 3ᵉ, d'une forme semblable, représente deux Gladiateurs qui se battent à outrance ; au milieu est un vase d'une forme extraordinaire. Le couvercle est à peu près comme le précédent.

Le 4ᵉ, en albâtre, représente deux dauphins ; au milieu, trois grandes feuilles. Le couvercle à peu près comme les deux précédens.

Autre tombeau étrusque, en terre cuite, portant un couvercle avec une figure couchée. Le bas-relief du devant représente un homme qui se bat avec un soc de charrue contre trois autres armés d'épées et de boucliers.

Trois Canopes, en albâtre, chargés d'hiéroglyphes.

Quatre vases en albâtre, d'une belle conservation.

Soixante figures, bas-reliefs et inscriptions en terre cuite.

———

Deux cent vingt statues, têtes et bas-reliefs en bronze ; on y remarque :

1° Un Apollon du Belvédère d'environ 1 pied de hauteur, d'un travail magnifique ; on dit qu'il a été trouvé à Herculanum. Le piédestal, la main droite et une partie du cou ont été fondus, et la draperie a beaucoup souffert ; cette pièce attire l'attention des curieux.

2° Deux idoles de Malabar, Wichnou et Isuren, de plus de 2 pieds de haut ; objets précieux et remarquables par le fini du travail.

3° Une Prêtresse, qui tient d'une main un grain d'encens, et de l'autre un coffret, carré plein d'encens ; d'un beau travail et d'une heureuse conservation.

4° Silène couronné de pampres, tenant une patère d'une main et de l'autre une amphore ; pièce d'une grande beauté.

5° Beau buste de Bacchus couronné de raisin et de pampres, avec les yeux de rubis.

6° Bacchus enfant, ayant des yeux d'argent, tenant une bourse, couronné de pampres ; d'une grande beauté.

7° Figure en pied d'un excellent travail et de la plus heureuse conservation, trouvée à Saint-Paul-trois-châteaux, représentant une Divinité champêtre ; quelques-uns prétendent que c'est Hercule offrant un sacrifice.

8° Un Dieu Lare, vêtu d'une longue robe et d'un manteau frangé, portant un chien sous le bras gauche, ayant à ses pieds, à droite, un autre chien.

9° Déesse assise (la Fortune), tenant d'une main un gouvernail, et de l'autre une corne d'abondance ; elle porte sur la tête les ornemens d'Isis.

10° Un Nain couronné de laurier, qu'on dit être la charge de Caracalla, tenant une espèce de tartelette de la main droite, et de la gauche un panier plein de choses semblables. La figure est couverte d'un masque qui est d'une ressemblance parfaite avec les médailles de cet empereur. Cette pièce qu'on croit unique est d'une très-belle conservation.

11° Diane, tirant une flèche de son carquois ; de très-bonne main.

12° Apollon, la lyre d'une main, et le *plectrum* de l'autre, dans le style égyptien, avec un boisseau sur la tête, comme Sérapis ; trouvé à Montelimart.

13° Statue équestre représentant un Cavalier armé d'un casque et d'une cuirasse, portant de la main droite un bâton de commandement, et de la gauche une coupe.

14° Un Faune qui caresse sa queue de la main droite.

15° Un Comédien en masque de théâtre, jouant son rôle.

16° Jeune homme dansant sur une outre.

17° Un Sauteur, marchant sur ses deux mains, les pieds en haut.

18ᵉ Figure consulaire, tenant un rouleau de la main droite.

19° Un Empereur voilé sacrifiant, tenant de la main gauche un vase avec du feu ; trouvé à Vienne (Dauphiné.)

Nous ne citerons pas toutes les statues en bronze ; le détail deviendrait trop long ; nous nous bornons à les nommer :

Des Isis, des Osiris, des Horus ou Harpocrates, le bœuf Apis, des Divinités égyptiennes avec des têtes d'animaux, des Jupiters, des Junons, des Apollons, des Minerves, des Vénus, des Dianes, des Mars, des Mercures, des Hercules, des

Silènes, des Cupidons, des Bacchus, des Vestales, des Empereurs, enfin une grande quantité d'autres Divinités et personnages divers.

On y remarque aussi plusieurs animaux et des oiseaux en bronze, comme sphinx, lion, cerf, cheval, chien, ours, singe, écureuil, rat, aigle, pigeon, corbeau, coq, des oiseaux de proie, etc. etc.

Les bustes et les têtes en bronze sont en trop grand nombre pour les détailler.

Vingt instrumens et ustensiles pour les sacrifices ; on distingue les suivans :

Un préféricule en bronze d'une patine superbe et de la forme la plus élégante, avec une anse verticale, damasquiné d'argent et terminé en bas par une tête de Cupidon qui a aussi les yeux d'argent : morceau précieux.

Couteau (*secespita*) dont on se servait pour égorger les victimes ; de la plus parfaite conservation.

Vingt ustensiles de ménage, en bronze.

Un couteau dont la lame est parfaitement bien conservée, ayant 7 pouces de longueur sans le manche; il a été trouvé à la Rochette près du Buis, en 1785.

Trente ustensiles et ornemens pour la toilette; ils consistent en:

1° Deux paquets d'épingles, dont l'un en bronze et l'autre en ivoire; quelques-unes sont bien travaillées; elles servaient surtout pour les cheveux des femmes.

2° Dix miroirs en métal, d'une belle conservation.

3° Dix Phallus en bronze, de différentes formes et de diverses grandeurs.

4° Une liasse d'anneaux pour les doigts.

5° Espèce de collier ou de chaîne en bronze, composée d'anneaux oblongs en forme de fibules.

6° Deux mains droites jointes ensemble (*fides mutua*), d'agate orientale ; ouvrage d'un excellent artiste ; trouvées à Nismes.

7° Deux strigilles en bronze (*strigilis*), instrumens dont on se servait aux bains pour racler la peau.

———

Quinze armes antiques ; on remarque surtout :

1° Un rare monument d'antiquité, ou instrument en bronze servant à attacher l'étoffe volante d'un étendard de cavalerie, portant deux cercles ; dans l'un on mettait le portrait de l'Empereur, et dans l'autre les quatre lettres S. P. Q. R. Au-dessus était une aigle. Il a été trouvé dans un champ près de Die, en 1795.

2° Une épée romaine, courte, plate et renforcée, toute en bronze, d'une belle patine.

———

Plusieurs armes du moyen âge, dont quelques pièces présentent beaucoup d'intérêt sous le rapport de l'art :

1° La partie postérieure d'une cuirasse de fer parfaitement estampée, représentant un combat de cavaliers, trouvée dans le Rhône, près d'Arles, le 28 avril 1787.

2° Bouclier en fer, avec figures et ornemens gravés, trouvé entre Sorgues et Caderousse.

3° Epée de fer, courte et renforcée, avec une large garde bien travaillée. Cette pièce, ainsi que la précédente, ont été données au Musée par M. Guérin, ancien Administrateur.

4° Deux lances, une hache d'armes, la masse d'armes, un casse-tête, un poignard, une arbalète avec quinze javelots, casques, cuirasses, gantelets, cuissarts, etc. le tout en fer.

Quatorze bracelets antiques, en bronze, récompenses militaires des Gaulois, trouvés aux bras et même aux jambes des squelettes, dans différens tombeaux de nos environs, surtout à Roquemaure. On en remarque de semblables sur les boucliers gaulois de l'arc d'Orange.

Vingt agraffes (*fibula*) et boucles, en bronze, chacune composée de deux pièces pour arrêter le baudrier; d'autres pour les draperies et les harnais des chevaux.

Dix ornemens pour les manteaux.

Six styles en bronze pour écrire.

Sept sondes de chirurgien se terminant par une petite curette.

Douze lampes en bronze, d'une très-belle conservation, dont une représente une tête d'âne couronnée de lierre ; un main d'une figure difforme, ayant le bonnet phrygien sur la tête, est à cheval sur le col de l'âne ; d'une très-belle patine.

Douze clefs antiques, en bronze, avec

un cadenas et un écusson ; le travail en est très-compliqué.

Neuf cachets, en bronze, consacrés à la sûreté du commerce, servant aux négocians pour marquer leurs ballots ; ils portent une forte belière par derrière, ils sont constamment en relief ; quelques-uns ont été trouvés à Orange, en 1738.

Deux sceaux en argent, de l'ancienne Université d'Avignon.

Onze clochettes en bronze, pour mettre au cou des béliers.

Un Sistre égyptien, au haut duquel on voit une chatte allaitant trois petits, avec différentes figures sur le manche ; c'était un instrument de musique : les trois petits fers avec lesquels on tirait les sons manquent. (En bronze.)

Plus de deux cent cinquante objets divers en bronze, qui consistent en :

Haches, marteaux, couteaux, serpettes chandeliers, dés à coudre, fourchettes cuillers, cylindres, trépieds, anses, amulettes, piédestaux, etc. etc.

Dix poids antiques en marbre, granit, bronze et plomb, très-bien conservés et remarquables par leurs différentes formes.

Une coupe en jade à cannelures, d'un excellent goût.

Environ soixante figures, inscriptions et bas-reliefs en terre cuite.

Poterie.

Huit amphores dont la plupart se terminent en pointe ; trois ont été trouvées à 27 pieds de profondeur, dans la cour du Jeu de paume à Avignon, et les autres à Vaison et à Saint-Remi.

Deux grandes urnes ou jarres, propres à mettre de l'huile ; l'une trouvée à Arles et l'autre à Vaison.

Huit urnes cinéraires.

Cent quatre-vingt lampes de différentes formes et ornemens divers.

Deux cent dix vases et ustensiles en terre cuite, égyptiens, étrusques, romains, etc. de couleurs différentes, et dont quelques-uns sont ornés de peintures et ornemens en relief.

Verrerie.

Quinze urnes cinéraires en verre, dont plusieurs ont deux anses doubles appliquées contre l'urne, et pleines d'ossemens calcinés, toutes bien conservées.

Vingt jattes, coupes et vases, dont deux en verre bleu, à côtes perpendiculaires saillantes : la plus petite est veinée de blanc.

Trois gobelets remarquables par leurs formes.

Deux bouteilles à long col, de la forme de nos chandeliers, qu'on remplissait de baume avant de les mettre dans les tombeaux.

Une autre, de forme carrée très-épaisse, portant sur le fond extérieur un relief représentant un homme debout tenant une patère à la main, avec ces quatre lettres : G. H. F. L.

Six vases ou bouteilles carrés à anse, et un autre de forme exagone.

Sept autres, ronds, avec une anse.

Quarante petites bouteilles auxquelles on donne le nom de lacrymatoires, un entonnoir et d'autres objets dont le détail serait trop long.

———

Une momie en son entier. C'est le corps d'une femme d'environ 4 pieds 6 pouces de longueur. Il est enfermé dans une caisse de sycomore qui a près de 2 pouces d'épaisseur, couverte de symboles hiéroglyphiques.

Une momie d'enfant, de crocodile, des têtes, des mains et un pied de momie.

———

Magnifique papyrus de 6 pieds de long,
22..

chargé de figures et d'hiéroglyphes formant deux tableaux.

Deux fragmens de mosaïque ; le premier représente une rosace ; le second, terminé par un entrelacs, faisait partie des compartimens placés autour du roson. Cette mosaïque a été découverte dans la rue de la Bonnetterie, à Avignon, à deux mètres de profondeur, le 20 septembre 1811.

Plusieurs autres fragmens de mosaïque, dont un est remarquable en ce que les pierres noires qui le forment sont taillées en pointes ; trouvé à Saint-Paul-trois-châteaux ; les autres ont été trouvés à Orange.

N. B. Le détail des objets restans serait trop long ; il nous suffira de dire, ici, que le nombre des monumens antiques et modernes, non compris les médailles, est de plus de 4000.

II.º MÉDAILLES ANTIQUES ET MODERNES.

Il serait trop long de citer les médailles rares de notre Collection. Je ne parle ici que de leur nombre, laissant aux connaisseurs le soin de les apprécier.

Médailles en or, de tout genre..... 160

Médailles consulaires, en argent.... 1081
Médailles impériales, en argent.... 2641
Médailles des rois, peuples et villes,
    en argent.................... 245

As romains ou poids consulaires,
    grand bronze................. 111
Médaillons, bronze.............. 38
Médailles impériales, grand bronze. 2894
Médailles frustes, grand bronze.... 289
Médailles impériales, moyen bronze 2281
Médailles impériales, petit bronze.. 1313
Médailles des rois, peuples et villes,
    en bronze 528

Médailles padouanes..............	168
Médailles fausses ou douteuses.....	72
Anciennes monnaies de France, en argent.....................	64
Monnaies des papes, princes, etc., anciennes et modernes, en argent.	215
Monnaies modernes, de billon.....	92
Talismans	15
Sceaux d'Avignon, en argent et en plomb......................	22
Médailles des papes, très-grand bronze	109
Médailles des cardinaux...........	23
Médailles des rois de France, princes d'Italie, de Turquie, de Lorraine et d'Autriche..................	90
Médailles des rois d'Angleterre, Prusse, Danemarck, Suède et Russie.....................	52
Médailles des généraux et chanceliers de France...................	28
Médailles des poètes, peintres et artistes......................	20
Médailles des hommes illustres et médailles satiriques............	29

Médailles des ministres protestans.   27
Médailles jetons................   107
Médailles, mélanges en bronze...   25

   Total des Médailles en bon état.   12563
   Total des Médailles frustes....   1582

N. B. Depuis la mort de M. Calvet, le Médailler a été augmenté par des dons et acquisitions, savoir :

Médailles en or................   22
Médailles en argent............   348
Médailles en bronze............   200
Sceaux d'Avignon, en plomb.....   4

   Total des Médailles acquises depuis le décès de M. Calvet.......   574

Le nombre général des Médailles de tout genre est de 14719.

Pierres gravées antiques.........   36
Pierres gravées et non gravées modernes......................   196

III.º BIBLIOTHÈQUE.

Chaque jour, de magnifiques Ouvrages augmentent notre catalogue.

Je vais en citer quelques-uns nouvellement acquis ; je ne parlerai pas des livres de sciences ou de littérature, non moins intéressans mais plus communs.

La Bibliothèque dont la ville vient d'enrichir le Muséum Calvet, renferme des livres rares et un grand nombre d'éditions du XVme siècle ; elle est surtout précieuse sous ce dernier rapport. La Théologie forme la plus grande partie de cette Collection.

Les Ouvrages les plus remarquables de la Bibliothèque du Muséum Calvet sont :

1º Description de l'Egypte, ou recueil des observations et des recherches qui ont été faites en Egypte pendant l'expédition de l'armée française ; 12 volumes atlas ou planches et 7 vol. texte.

2° Voyage dans la basse et haute Egypte, par Vivant Denon; 2 vol. gr. in-fol.

3° Monumens anciens et modernes de l'Indoustan, par Langlès; 2 vol. in-fol.

4° Musée français, ou recueil complet de tableaux, statues et bas-reliefs qui composent la Collection nationale, par Robillard-Peronville et Laurent; 5 vol. gr. in-folio. (Cet ouvrage est d'un grand prix à cause des gravures qui sont toutes avant la lettre).

5° Musée des antiques, dessiné et gravé par Bouillon; 2 vol. in-fol.

6° Galerie de Florence et du Palais Pitti, par Mongez; 4 vol. in-fol.

7° Iconographie grecque et romaine, par Visconti; 3 volumes planches et 5 volumes texte.

8° Voyage de Humboldt et Bonpland; 21 volumes reliés et plusieurs autres en feuilles. (Cette superbe édition est digne d'être remarquée).

9° Voyage pittoresque de la Grèce, par le comte de Choiseul-Gouffier; 3 volumes in-folio.

10° Voyage autour du Monde, par la Pérouse ; 2 vol. planches et 4 vol. texte.

11° Voyage autour du Monde, par L. de Freycinet ; belle édition.

12° Voyage autour du Monde, par Duperrey ; édition magnifique.

13° Voyage pittoresque et historique de l'Istrie et Dalmatie, par Lavallée ; in-fol.

14° Le Neptune, ou cartes et plans qui composent l'Hydrographie française ; 12 vol. in-folio.

15° Atlas universel de Géographie, par Vandermalen ; 6 vol. in-folio.

16° *Q. Horatius Flaccus*, in-fol. Cette belle édition de Didot est d'autant plus curieuse que c'est le 1er exemplaire sur deux cent cinquante.

17° *C. C. Taciti Opera*, édition superbe de Panckoucke; 2 vol. in-folio.

18° *C. Julii Cæsaris quæ extant;* édition de Londres, in-folio.

19° La Henriade, ornée de dessins lithographiques d'Horace Vernet, avec les portraits par Mauzaisse; in-folio.

20° Fables de la Fontaine, ornées de figures lithographiques de Carle Vernet, Horace Vernet et Hippolyte Lecomte; 2 vol. in-fol. oblongs.

21° La Collection complète du Moniteur universel.

22° Mémoires de l'Académie des Sciences; 161 vol. in-4°, suivi des Mémoires de l'Institut, etc. Journal des Savans.

Il y a trente Manuscrits dans la Bibliothèque particulière de M. Calvet, dont un de Lactance, six volumes de Calvet, vingt volumes de lettres autographes et trois volumes livres de Prières sur parchemin, des XVme et XVIme siècles.

Nombre des volumes de la Bibliothèque Calvet..................	4165
Nombre des manuscrits de l'ancienne Bibliothèque qui fait aujourd'hui partie de celle de Calvet....	455
Nombre total des volumes de cette Bibliothèque..............	25406
Total général..............	30026

IV° TABLEAUX.

Les noms des peintres suivans sont classés d'après leur ordre alphabétique, et non d'après celui de leur célébrité. L'Administration du Musée Calvet a senti qu'une collection de Tableaux était indispensable sous le ciel pur de Vaucluse, et surtout dans une ville où le beau dans tous les genres manque rarement d'imitateurs.

Les Ouvrages des Mignards, des Parrocels, des Vernets et de plusieurs de nos concitoyens, occupent un rang distingué dans les plus riches galeries. Une place non moins honorable attend les nouvelles productions des jeunes Avignonnais qui marcheront sur leurs traces.

ALBANE, (François l') né à Bologne en 1578, mort en 1660. (Ecole Lombarde).

1. Amphitrite sur son char traîné par des dauphins, conduit par les Amours et précédé par des Tritons.
(Attribué à l'ALBANE).

ALEXANDRE VÉRONÈSE, (Alessandro Turchi dit l'Orbetto) né à Vérone vers 1580, mort vers 1650. (Ecole Vénitienne).

2. Le Repas du Sauveur chez Simon le Pharisien ; la Magdeleine, prosternée à ses pieds, les essuie avec ses cheveux. (Esquisse).

Bassano, (Jacopo da Ponte dit le) né en 1510, mort en 1592. (Ecole Vénitienne).

3. Jésus-Christ, accompagné de deux de ses disciples, visite Marthe et Marie : on voit la Magdeleine prosternée à ses pieds et Marie dans l'attitude la plus humble. L'appartement représente l'intérieur d'une cuisine, dans laquelle plusieurs personnes aident Marthe à préparer les alimens.

Berghem, (Nicolas) né à Harlem en 1624, mort en 1683.

4. Paysage montagneux, vers le milieu duquel est une rivière où un Villageois et une Villageoise font abreuver leur troupeau.
(Attribué à Berghem).

Bilfeldt, (Joseph) né à Avignon en 1793.

5. Portrait du général Lassale, peint en miniature.

Du même peintre.

6. Portrait d'un Mameluck.

Ces deux portraits ont été offerts au Musée par l'auteur.

BLOEMEN, dit Orizzonte, (Jean-François-Van) né à Anvers en 1656, mort à Rome vers 1749.

7. Paysage. Un groupe de grands arbres qui indiquent l'entrée d'une forêt, occupent une partie du tableau et ombragent un chemin d'une pente rapide où l'on voit deux voyageurs et une dame à cheval suivie d'une femme à pied : sur un plan plus éloigné coule une rivière qui traverse une grande étendue de pays : on aperçoit une ville dominée par un rocher sur lequel on remarque quelques édifices et un aqueduc : un pays montagneux termine l'horizon.

BOURDON, (Sébastien) né à Montpellier en 1616, mort à Paris en 1671.

8. Baptême de Jésus-Christ par S. Jean.

Du même.

9. Bacchanales.

Du même.

10. Chute de Phaëton. Phaëton voulant conduire le char d'Apollon son père, fut foudroyé par Jupiter, et tomba dans un fleuve d'Italie nommé aujourd'hui le Pô : les Nymphes enterrèrent son corps.

BOURGEOIS. (Ecole actuelle).

11. Paysage. Vue du Pont Salario aux environs de Rome.

Ce tableau a été offert au Musée par M. Paul PAMARD.

BOUDEWINS, (Antoine-François) né à Bruxelles vers 1660 ; élève de Vander-Meulen.

12. Paysage et Marine. A gauche du tableau est une vieille tour contre laquelle on voit un magasin qui paraît être l'entrepôt

des marchandises. Plusieurs personnes dans une grande activité, et différens groupes qui s'entretiennent, ornent ce joli site ; du côté opposé est un paysage montagneux ; vers le milieu, une mer calme, couverte de barques et bâtimens de différentes Nations. Les figures sont de Pierre Bout.

Offert au Musée par M. Paul Pamard.

Du même.

13. Paysage, Campement ou Bivouac.

Brawer, (Adrien) né à Oudenarde en 1608, mort à Anvers en 1640.

14. Jeune homme qui s'amuse à souffler des bulles de savon.

Du même.

15. Dans l'intérieur d'une chambre basse, un villageois assis dort d'un sommeil profond. Dans le fond on en aperçoit d'autres autour d'une table.

CARAVAGE ; (Michel-Angiolo Amerighi dit le) né à Caravaggio, près Milan, en 1569, mort en 1609.

16. Le Christ porté au tombeau. (Esquisse).

Ce précieux tableau a été offert au Musée par M. CHAIX, Professeur de Dessin et de Peinture.

CARLETTO, neveu de Paul Véronèse.

17. Tableau dont on ne connaît pas précisément le sujet ; mais on croit, d'après les attitudes des personnages qu'il appartenait à un plus grand tableau représentant la femme adultère.

(Attribué à CARLETTO).

CASANOVA, (François) né à Londres en 1730, mort à Brühl, près de Vienne, en 1805.

18. Combat de cavalerie.

COYPEL, (Antoine) né à Paris en 1661, mort en 1722 ; fils et élève de Noël Coypel.

19. Arrivée de Bacchus près d'Ariane, dans l'isle de Naxos. (Ce tableau a un peu souffert).

CRAESBEKE, (Joseph Van) né à Bruxelles vers 1608 : on ignore l'année de sa mort.

20. Tableau allégorique. Auprès d'une table sur laquelle on voit une tête de mort, un soufflet, un pot à bière renversé, des bouteilles vides, une lumière qui s'éteint, etc., est un homme assis sur une barrique renversée et manquant de douves à l'une des deux extrémités, tenant d'une main sa pipe éteinte ; ses yeux égarés et l'appartement parsemé de cartes à jouer annoncent une personne qui, ne possédant plus rien qui l'attache à ce monde, invoque la mort ; celle-ci se présente à la porte, et fait glisser le verrou.

CRANACH, (Lucas) né en 1470, mort en 1553. (Ecole Allemande).

21. Adam et Eve, dans le Paradis terrestre.

CRESPI, (Joseph-Marie dit l'Espagnol) né à Bologne en 1665, mort en 1747.

22. Repaire de Bohémiens. Un ancien bâtiment, qui tombe en ruines, est devenu le repaire d'une bande de brigands et de leurs familles. On voit des hommes armés étendus par terre, se reposant; d'autres s'amusent avec une pie. Les femmes sont occupées à peigner leurs enfans. (Cette composition est extrêmement curieuse).

(Attribué à CRESPI).

DELANOÉ. (Ecole actuelle).

23. Céphale et Procris. Procris aimait tellement Céphale et en était si jalouse, qu'elle épiait toutes ses actions. Ayant devancé en secret son époux à la chasse, et s'étant cachée derrière un buisson, Céphale croyant que c'était une bête fauve, la tua avec son javelot. Il s'aperçut trop tard de son erreur, et chercha vainement à la rappeler à la vie.

Ce tableau est un don du Roi.

Devett, élève de Rambrandt.

24. Une Descente de croix.

(Attribué à Devett).

Dominiquin, (Dominique Zampieri dit le) né à Bologne en 1582, mort à Naples en 1641.

25. Apollon, assis, appuyé d'une main sur un archet, et de l'autre sur un violon.

Ce tableau a été donné au Musée par la Mairie.

(Attribué au Dominiquin.

Duc. (Ecole de Jean le)

26. Intérieur d'un Corps-de-garde hollandais, dans lequel on voit des trophées militaires ; un officier faisant sa ronde ; un jeune homme avec un tambour, etc.

Franc-Flore, (François de Vriendt) né à Anvers en 1520, mort en 1570.

27. Crésus, roi de Lydie, et son épouse, accompagné de sa cour, montrant ses trésors à Solon.

GASPRE, (Gaspero Dughet) né à Rome en 1613, mort dans la même ville en 1675; élève de Nicolas Poussin qui avait épousé sa sœur : il prit le nom de son beau-frère et se fit appeler Gaspard POUSSIN.

28. Paysage. Le premier plan est couvert de rochers et de touffes d'arbres ; sur la droite est un chemin où l'on voit un pâtre jouant du hautbois auprès de son troupeau ; plusieurs personnes le suivent. Plus loin, une rivière et plusieurs édifices annoncent une grande ville ; des rochers et des montagnes couvertes de neige bornent l'horizon. Ce beau site est sous un ciel nuageux.

GRANET, né à Aix en Provence. (Ecole actuelle).

29. Vue intérieure d'une église pendant

l'office de nuit ; elle est éclairée par six cierges allumés sur l'autel, et principalement par une lumière (cachée pour le spectateur) qui se réfléchit au moyen d'un réverbère sur un lutrin couvert d'un grand livre.

Ce tableau a été offert au Musée par M. Horace VERNET.

HONDIUS, (Abraham) né à Rotterdam en 1638, mort à Londres en 1691.

30. Sujet de chasse. Un héron s'élève au milieu de ruines antiques ; il semble vouloir se défendre, dans son vol, des chiens qui le poursuivent.

HONTHORST, dit della notte, (Guérard) né à Utrecht en 1592, mort en 1660.

31. Effet de lumière. Vieille femme qui tient un chat entre ses bras et un flambeau à la main.

Houet, (Gérard) élève de Pollemburg.

32. Toilette de Diane.

(Attribué à Houet).

Kabel, (Adrien Vander-) né à Ryswich en 1631, mort à Lyon en 1695; élève de Van Goyen.

33. Marine. Port de mer où l'on a débarqué une quantité de marchandises; on y remarque des personnages de diverses nations; des vaisseaux en mer et d'autres au radoub.

(Attribué à Kabel).

Kessel, (Jean Van) né à Anvers en 1626; Breughel, dit de velours, et Van-Baelem.

34. Sujet allégorique représentant un des quatre élémens (le Feu). Le paysage est de Breughel; les figures, de Van-Baelen et les accessoires, de Kessel.

Des mêmes.

35. Les quatre Élémens.

LAFONTAINE. (Ecole actuelle).

36. Intérieur d'une église dans laquelle on voit beaucoup de personnes qui assistent à une messe qui se célèbre au maître-autel ; l'artiste y a ménagé un coup de soleil qui, en éclairant diverses parties d'une vive lumière, produit un très-bel effet.

LAHIRE, (Laurent de) né à Paris en 1606, mort en 1656 ; élève d'Etienne Lahire et de Simon Vouet.

37. Paysage et architecture. A gauche est un temple en partie ruiné ; à droite, un terrain bien arborisé ; au milieu, une rivière où plusieurs femmes lavent.

(Attribué à LAHIRE).

LANFRANC, (Jean) né à Parme en 1581, mort à Rome en 1647.

38. Sacrifice de Noé et sa famille après la sortie de l'arche. Noé, déterminé à quitter l'arche, en sortit un an après qu'il

y fut entré. Son premier soin fut de dresser un autel au Seigneur, et de lui offrir en holocauste un de tous les animaux purs qui étaient dans l'arche. Dieu fit un alliance éternelle avec lui et voulut que l'arc-en-ciel en fût comme le signe. On voit le Père éternel qui ordonne à la famille de Noé de repeupler la terre.

(Attribué à Lanfranc).

Ce tableau a été offert au Musée par M. le Baron de Montfaucon.

———

Levieux, (Renaud) né à Nismes, travaillait dans les beaux jours de Louis XIV.

39. Jésus-Christ, sur la croix, ayant encore un souffle de vie. Du côté gauche, se trouve la Ste Vierge qui, voyant son divin Fils prêt à rendre le dernier soupir, tombe évanouie entre les bras de deux saintes femmes ; à droite, St Jean et la Magdeleine.

Ce tableau est remarquable par la force des expressions.

Lordon. (Ecole actuelle).

40. Saint Sébastien. Dioclétien persécutait l'Eglise. Sébastien, centurion des gardes prétoriennes, convaincu de suivre la loi du Christ, fut livré à des archers Numides qui le percèrent de flèches et s'éloignèrent le croyant mort ; mais une dame romaine, nommée Irène, le secourut, le fit transporter chez elle et lui sauva la vie. Peu de temps après, Sébastien se présente à l'empereur pour lui reprocher ses cruautés. L'empereur, surpris de voir un homme qu'il croyait mort, ordonna qu'on le conduisît au cirque, d'où il fut jeté dans un cloaque. Des mains pieuses recueillirent le corps mutilé du martyr, et l'ensévelirent à l'entrée des catacombes que l'on nomme depuis les catacombes de Saint Sébastien.

Ce tableau a été donné au Musée par Sa Majesté Charles X.

Luini, élève de Léonard de Vinci.

41. La Sainte Vierge tenant l'enfant Jésus devant elle, auquel un petit Saint Jean-Baptiste présente un oiseau ; le contentement et le plaisir brillent dans les yeux de ces deux enfans, et il règne dans leur attitude une certaine simplicité enfantine pleine d'amour. La figure de la Vierge, d'une beauté toute céleste, est admirée des connaisseurs.

(Attribué à Luini).

Miel ou Meel, (Jean) né à Ulderen près d'Anvers, en 1599, mort à Turin en 1644.

42. Halte d'un cavalier avec sa dame, pour déjeûner sur un tapis de verdure.

Mignard, (Pierre) dit le Romain, né à Troies en 1610, mort à Paris en 1695.

43. Portraits de deux jeunes enfans qui caressent un agneau.

Du même.

44. Très-beau portrait de Louis XIV encore jeune.

MIGNARD, (Nicolas) dit Mignard d'Avignon, né à Troies en 1608, mort à Avignon en 1668.

45. Saint Bruno, en oraison dans la solitude.

Du même.

46. Dévouement de Curtius.

Ce tableau est du commencement de ce maître.

MIGNON, (Abraham) né à Francfort en 1640, mort en 1679.

47. Tige de fleurs, roses, tulipes, etc.

(Attribué à MIGNON).

MILÉ ou MILET, (François dit Francisque) né à Anvers en 1644, mort à Paris en 1680 ; élève de Laurent Franck.

48. Très-beau Paysage au milieu duquel on voit une grande ville ; sur le premier plan à gauche, Jésus-Christ et la Samaritaine ; sur un plan plus éloigné à droite, des pâtres gardent leurs troupeaux ; une grande étendue de pays termine l'horizon.

Du même.

49. Paysage orné de plusieurs figures, dont la partie principale est occupée par des fabriques.

MIREVELT, (Michel) né à Delft en 1568, mort en 1642 ; élève de Blockland.

50. Portrait du maréchal de Montluc.

NETSCHER, (Gaspard) le père, né à Prague en 1639, mort à la Haye en 1684.

51. Portrait d'un personnage distingué.

Ostade, (Adrien Van) né à Lubek en 1610, mort à Amsterdam en 1685.

52. Vieillard vu à mi-corps, assis sur une chaise et la tête tournée de côté, dans l'attitude d'une personne qui écoute. Il tient sa pipe à la main.

Parrocel, (Joseph) né à Brignoles en Provence en 1648, mort à Paris en 1704.

53. Surprise ou choc de cavalerie à l'entrée d'une forêt.

Du même.

54. Halte d'officiers supérieurs qui se préparent à faire un repas.

Parrocel, (Pierre) neveu du précédent, né à Avignon, mort en 1739.

55. La Vierge tenant l'Enfant Jésus.

Du même.

56. L'inhumation de sainte Pétronille, d'après Guerchin.

Offert par M. Requien, Administrateur du Musée.

Du même, ou de Charles Parrocel.

57. Vision de St Joseph, dans son sommeil.

Raphael. (Ecole de)

58. La sainte Famille.

Regnault, (Jean - Baptiste) (Ecole actuelle).

59. L'éducation d'Achille par le centaure Chiron. Le coloris qui se fait remarquer dans le torse du Demi-Dieu et dans tout le corps du jeune homme, la beauté de la composition et l'intérêt qui résulte de l'action simple et bien exprimée du maître qui enseigne et de l'attention que l'élève donne aux leçons de l'expérience, font de ce tableau un chef-d'œuvre qui fixe les regards des connaisseurs.

Ce tableau a été gravé par Berwick.

Reschi, (Pandolfo) né à Danzick; il vint très-jeune à Rome, où il chercha à imiter le style de Bourguignon : il mourut à l'âge de 56 ans; on ignore dans quelle année.

60. Paysage et bataille.

Rottenhamer, (Jean) né à Munich en 1564. (Ecole Allemande).

61. L'Adoration des bergers. Les figures sont dans la manière d'Otto-Venius, maître de Rubens.

62. Jésus-Christ descendu de la croix est placé entre les trois Maries, entouré d'Anges et de différens personnages; (manière de Paul Véronèse).

(Attribué à Rottenhamer).

Ruysdael, (Jacques) né à Harlem en 1540, mort dans la même ville en 1581.

63. Joli Paysage représentant une vaste

étendue de pays montagneux bien arborisé, dans lequel on voit quelques habitations éparses, et plusieurs figures très-bien dessinées ; ce site est sous un ciel couvert de nuages.

SALVATOR ROSA, né à Renella près de Naples, en 1615, mort à Rome en 1673. (Ecole Napolitaine).

64. Paysage représentant un rocher, au pied duquel il y a une grotte d'où sort un ermite qui s'entretient avec un passant.

SASSO-FERRATO, (Giovan-Batista Salvi da) né en 1605, mort en 1685. (Ecole Romaine).

65. La Sainte Vierge tenant l'Enfant Jésus endormi sur ses genoux.

SINTOS, peintre genevois.

66. Saint Laurent, diacre, distribuant aux pauvres ses vases d'or.

(Attribué à SINTOS).

Steenwyck, le fils, (Henri Van) né à Amsterdam en 1589, mort en Angleterre.

67. Saint Pierre aux liens. Un ange lui apparaît dans la nuit pour le délivrer de sa captivité. Les figures sont de Diepenbeke.

(Attribué à Steenwyck).

Subleiras, (Pierre) né à Uzès en Languedoc, en 1699, mort à Rome en 1749.

68. Saint Ambroise, archevêque de Milan, donnant l'absolution à l'empereur Théodose.

Du même.

69. Saint Bruno ressuscitant un enfant.

Ces deux tableaux sont les esquisses terminées de ceux de la Galerie royale.

Swanevelt, (Herman) dit Herman d'Italie, né à Woerden en 1620, mort à Rome en 1690; élève de Claude Lorrain.

70. Paysage ; effet du soleil couchant. On voit à gauche un homme et une femme qui se promènent sous de grands arbres ; plus loin, un bouvier conduisant ses bœufs ; à droite est une rivière. Le ciel est d'un ton chaud et vaporeux.

Teniers le jeune, (David) né à Anvers en 1610, mort à Bruxelles en 1694 ; élève de son père et d'Adrien Brauwer.

71. Intérieur d'une chambre basse dans laquelle on voit une table chargée de différens fruits et légumes ; au-dessous, des ustensiles de cuisine, etc. Dans le fond, on aperçoit deux hommes qui se chauffent.

Valentin, (Moïse) (de son école).

72. La Diseuse de bonne fortune. Une femme dit la bonne aventure à des militaires qui boivent autour d'une table ; dans le temps qu'elle regarde attentivement la main d'un soldat, un homme

enveloppé d'un manteau, ayant la figure à demi cachée, lui ôte un coq qu'elle tenait dans son cabas; et au même instant la petite fille de la Bohémienne enlève avec adresse la bourse au voleur du coq.

Vanden-Velde, (Isaïe) né en Hollande, vivait à Harlem en 1626, et à Leyde, en 1630.

73. Attaque d'un convoi, ou Combat de cavalerie, dont les mouvemens s'étendent d'un bout à l'autre du tableau. L'action se passe près d'un pont ombragé par de grands arbres qui peuvent indiquer la lisière d'une forêt. La mêlée d'une pareille scène est bien rendue.

Vantol, peintre flamand, élève de Miéris.

74. Saint Antoine, méditant.

Ce petit tableau a beaucoup de mérite.

(Attribué à Vantol).

Vernet, (Claude-Joseph) né à Avignon en 1714, mort à Paris en 1789; il reçut des leçons à Rome, de Manglard et de Locatelli.

75. Marine. Effet du soleil levant. L'artiste a choisi le moment où le soleil vient de paraître sur l'horizon, caché par des nuages et des brouillards épais qui empêchent de voir son disque; cet effet est d'autant plus difficile à saisir qu'il exige une extrême vérité de ton, une touche large et moëlleuse, une harmonie parfaite. Plus on regarde le tableau, plus on s'attache à l'illusion qu'il produit. Parmi les figures qui ornent le premier plan, Vernet a peint son épouse sous le costume négligé du pays, assise à côté d'une fontaine, faisant boire son fils qui est très-jeune.

Vernet a peint ce tableau à Avignon, à son retour d'Italie, en 1757.

Du même.

76. Effet du soleil couchant. Au moment de son coucher, le soleil brillant de tous ses feux éclaire un rocher et un bras de mer couvert de bâtimens. Un pont en charpente communique avec l'extrémité d'une ville et va aboutir près d'une grande tour fortifiée qui sert à la fois de défense et de phare. Le premier plan est orné de plusieurs groupes de pêcheurs hommes et femmes, dont les uns s'occupent de la pêche, et les autres s'amusent à jouer aux cartes.

Ce tableau, dans les dimensions du précédent, a été offert au Musée par la Société des Amis des Arts.

Du même.

76. Une Tempête. Mer extrêmement houleuse ; les vagues viennent se briser contre un rocher sur lequel on voit des pêcheurs qui se hâtent de retirer leur filet, et un homme qui attache le câble

d'un bâtiment qui paraît en grand danger près de la côte. A gauche, un peu dans le lointain, on aperçoit plusieurs personnes dans une grande activité pour sauver les débris d'un autre bâtiment qui vient de périr.

Cette composition est regardée par les connaisseurs comme une des bonnes productions de Vernet.

Du même.

77. Autre Tempête. A droite, on voit un fort bâti sur un rocher, dont la base se prolonge en avant dans la mer ; c'est là qu'un bâtiment à trois mâts fait naufrage, et présente une scène bien triste : quantité de personnes sont descendues de la forteresse pour aider à sauver l'équipage ; sur la gauche est une chaloupe qui est à la recherche des naufragés.

Ce tableau a été peint sur le déclin de l'âge de Vernet, en 1786.

Du même (Etude).

78. Marine par un temps calme. Le premier plan du tableau forme un arceau qui semble avoir été pratiqué dans un rocher pour mettre le ciel et la mer à découvert.

Du même (autre Etude).

79. Site représentant une imitation plutôt qu'une vue exacte des Cascatelles de Tivoli.

Vernet (Carle), fils du précédent, (Ecole actuelle).

80. Le Cosaque. Un Cosaque traverse un pont de bois qui se brise ; son cheval reste comme suspendu par la tête et les jambes de derrière, aux deux extrémités du pont situé entre des rochers à pic, d'où tombe une cascade écumeuse qui augmente encore le danger de ce malheureux. On aperçoit dans l'éloignement une troupe de Cosaques qui pas-

sent sur un autre pont ; plus loin, des montagnes couvertes de neige. En regardant ce tableau, on se croirait transporté dans un site des Alpes remarquable par ses beautés sauvages.

Du même.

81. Course de chevaux, ou préparatifs d'une course de chevaux qui a lieu tous les ans sur la place du Peuple à Rome, à l'époque du Carnaval. Les chevaux sans cavaliers, dont tout le harnais consiste en un bridon, deux lanières terminées par des molettes destinées, par leur battement libre contre les flancs ou les jambes de derrière, à servir d'éperons, et une simple sangle à laquelle sont attachés des morceaux d'étoffes de diverses couleurs, propres à faire distinguer les concurrens dans la carrière poudreuse qu'ils vont parcourir. L'intelligence et l'ardeur de ces chevaux qui, sans guides veulent s'élancer par-dessus la barrière pour commencer la course, et les péril-

leux efforts que font les palefreniers pour les retenir jusqu'au moment du signal, ont été si bien rendus par le peintre qui en a été témoin, que tout spectateur s'explique aisément cette scène animée.

Ce tableau a été offert au Muséum par l'auteur.

Vernet (Horace), fils du précédent, (Ecole actuelle).

82. Mazeppa. Le comte P***, cruellement jaloux de Mazeppa, son jeune page, le fait lier sur un cheval indompté récemment amené de l'Ukraine ; Mazeppa est représenté au moment où le cheval poursuivi par des loups, impatient de regagner son pays natal, traverse une forêt et franchit un ravin.

Ce tableau a été offert au Muséum par l'auteur.

83. Même sujet.

N. B. Il est rare de voir le même sujet traité deux fois par le même artiste. Le tableau destiné au Musée Calvet, avait été promis pour une époque fixe : au moment où il venait d'être terminé, la toile est déchirée par un accident malheureux. Ce peintre célèbre, dont la facilité égale le talent, n'abandonne plus le pinceau et ne le quitte pas même pendant une partie des nuits, et quatre jours après ce chef-d'œuvre qui depuis a été parfaitement réentoilé et habilement réparé, se trouve reproduit de manière à ne pouvoir juger que difficilement quel est l'original. L'Administration du Musée possède aujourd'hui ces deux Mazeppa (1).

(1) Un Journal, en parlant de l'Exposition, rapporte ce qui suit :

« Les deux *Mazeppa* de M. Horace Vernet » ont enlevé tous les suffrages, et particulière- » ment Mazeppa poursuivi par des loups. Dans » aucun de ses tableaux peut-être il n'a porté » plus loin la science du modèle et la vigueur » du coloris ». (*Quotidienne du 8 mai* 1828. n° 126).

Wyck, (Thomas) né à Harlem en 1618, mort dans la même ville en 1686.

84. Intérieur d'un magasin, dont l'entrée est sous un arceau où l'on voit plusieurs personnages.

Withoors, (Matthieu) né à Amersfort en 1627, mort à Horn en 1703.

85. Dans l'intérieur d'une chambre basse, deux Villageois, dont l'un assis et l'autre debout près d'une table rustique, sont occupés à boire et à fumer.

Maîtres inconnus.

86. La Sainte Vierge tenant l'enfant Jésus, assise sur un trône d'une forme singulière ; tout le fond du tableau est doré ; il paraît être du 14e ou 15e siècle. Ce tableau a été apporté, dit-on, de la Grèce. (Peint sur bois).

Offert au Musée par M. Lunel.

87—88. Portraits de Pétrarque et de la belle Laure. Ces médiocres copies de deux personnages célèbres forment deux tableaux peints dans le 15ᵉ ou 16ᵉ siècle. Ici, Laure mérite peu l'épithète de *belle* qu'on lui donne ordinairement ; elle se rapproche cependant, pour l'ensemble de ses traits, d'une jolie gravure du *Petrarcha redivivus* de TOMASINI. Ce Pétrarque et cette Laure sont plutôt placés dans notre Musée comme souvenirs historiques que comme monumens de l'art.

Dessin au lavis représentant un Paysage où l'on voit S. Jérôme, par CONSTANTIN.

Donné au Musée par M. le Comte Joseph de PONTMARTIN.

Autre Dessin à la plume représentant un Paysage, par CONSTANTIN.

Donné au Musée par M. CHAIX, Professeur de Dessin et de Peinture.

Douze jolis Dessins, par M. Chaix, représentant des antiquités du Département de Vaucluse.

1° Vue d'un *atrium* à Vaison.

2° Pont antique de Vaison.

3° Quai de Vaison.

4° Arc de triomphe, ou porte de Cavaillon.

5° Reste d'un théâtre à Vaison.

6° Vue intérieure du temple antique de Venasque.

Les six autres représentent des inscriptions, bas-reliefs, et autres objets antiques dont la plupart se trouvent dans le Musée.

Nous ne parlons pas de plusieurs Tableaux que le défaut d'espace nous empêche d'exposer aux yeux du Public, ni de ceux qui ornent nos églises, nos chapelles et quelques salons.

(302)

ÉGLISE D'AVIGNON (1).

Lorsqu'après avoir triomphé d'une foule d'obstacles humainement invincibles, le Christianisme devint la religion des Césars, on éleva des églises parmi les temples du paganisme. Celle d'Avignon, bâtie sous Constantin (2), fut renversée, en 407, par

(1) Notre ancienne Métropole fut rebâtie par ordre de Charlemagne. Ses murs actuels, évidemment postérieurs au VIIIe siècle, n'ont pas été construits sous ce monarque. Un savant Anglais, M. Gally Knight, qui a fait une étude particulière des monumens gothiques, et avec lequel j'ai eu dernièrement un long entretien, pense que le porche de la Métropole appartient au XIe siècle, et que l'église est d'une construction moins ancienne. Il est évident que le porche existait avant la tour qui s'élève derrière lui, et qu'il faisait partie d'un autre édifice.

(2) En 327, Aventius acheva de bâtir l'église

les Barbares qui inondèrent l'empire. Reconstruite peu après, les Sarrasins la détruisirent encore vers 730 ; mais Charlemagne la releva bientôt, comme nous l'apprend une charte de Louis-le-Débonnaire, datée de 820. En 1096, Urbain II se trouvant à Avignon, lui donna, de concert avec le roi d'Aragon comte de Provence, des chanoines réguliers de Saint Augustin pour la desservir (1). Elle con-

qui avait été commencée peu après l'édit de Constantin et de Licinius en faveur des Chrétiens, comme nous l'apprennent d'anciens documens. L'un de ces titres désigne même le nombre des autels en ces termes :

DEDICATIO NOVAE ECCLESIAE SANCTAE MARIAE AVENNICAE A CONSTANTINO IMPERATORE MAGNIFICO OPERE RESTAURATAE ANNO DOMINICAE INCARNATIONIS CCCXXVI.... ET TRIVM ALTARIVM IN EA ERECTORVM AB AVENTIO EPISCOPO.

(1) Avant le IXe siècle, des moines desservaient

serva l'état de Chapitre régulier jusqu'en 1485, époque où Sixte IV la sécularisa et l'érigea en Métropole, ayant pour suffragans les évêques de Carpentras, Cavaillon et Vaison. L'église d'Avignon ressortit primitivement de l'archevêché de Vienne, ensuite de celui d'Arles.

L'Histoire d'aucune église n'est aussi ancienne que la nôtre. *Nihil antiquiùs habemus quàm Historiam Avenionensium Episcoporum et Archipræsulum.* (*Gallia christ. T. I. p.* 793. *Paris*, 1715).

La suite de nos évêques remonte sans beaucoup d'interruption jusqu'en 407, sous l'épiscopat d'Amance, et finit en 1474, sous Alain de Coëtivy, frère de Prégent de Coëtivy, amiral de France.

Le cardinal du Roure, neveu de Sixte IV, premier archevêque d'Avignon, élevé

notre Cathédrale. Charlemagne leur substitua des prêtres séculiers qui furent remplacés, en 1096, par des chanoines réguliers de St Augustin. De nouveau sécularisée en 1485, elle est restée dans cet état depuis cette dernière époque jusqu'à nous.

à cette dignité en 1474, élu pape vingt-neuf ans après sous le nom de Jules II prédécesseur de Léon X, posa la première pierre du plus bel édifice que les hommes aient élevé à la Divinité. Notre église a été gouvernée par environ 74 évêques, depuis Amance jusqu'à Julien du Roure, et par 26 archevêques, depuis Julien jusqu'à Monseigneur Maurel de Mons.

Les cardinaux Hippolyte de Médicis et Alexandre Farnèse (1), les d'Armagnac,

---

(1) Le trait suivant caractérise cet Archevêque. Une pauvre femme lui exposa qu'elle était sur le point d'être renvoyée avec sa fille d'un petit appartement qu'elle occupait chez un homme fort riche, parce qu'elle ne pouvait lui payer cinq écus qui lui étaient dus. Le ton d'honnêteté avec lequel elle faisait connaître son malheur, fit aisément comprendre au cardinal qu'elle n'y était tombée que parce que la vertu lui était plus chère que les richesses. Il écrivit un billet et la chargea de le porter à son intendant. Celui-ci l'ayant ouvert compta sur-le-champ cinquante écus. Monsieur, lui dit cette femme, je ne demandais pas tant à Monseigneur, et certainement il s'est trompé.

les Grimaldi, ainsi que plusieurs autres personnages distingués par leurs vertus ou par leur naissance, ont été au nombre de nos archevêques. Quelques-uns de nos premiers pasteurs ne furent pas étrangers aux plus anciens Conciles; d'autres, dans des siècles moins éloignés, ont été nommés cardinaux.

Jacques d'Ossa, évêque d'Avignon, plus connu sous le nom de Jean XXII, fut créé pape. Jules du Roure, après avoir gouverné vingt-huit ans notre église, fut élu souverain pontife en 1503. Innocent IX, dont Facchinetti était le nom de famille, pape sacré en 1591, avait été dans notre ville vicaire de l'archevêque Farnèse.

Loin de partager les erreurs qui ont

Il fallut, pour la tranquilliser, que l'intendant allât lui-même parler au cardinal. Son Eminence reprenant son billet, dit : Il est vrai que je m'étais trompé, le procédé de madame le prouve ; et au lieu de cinquante écus il en écrivit cinq cent qu'il engagea la vertueuse mère d'accepter pour marier sa fille

affligé l'Eglise, nos évêques furent toujours les défenseurs de l'autorité pontificale. C'est ainsi qu'en 360, Metian signa la lettre écrite contre l'archevêque d'Arles qui avait embrassé l'arianisme ; qu'en 451, Maxime souscrivit la lettre synodique des évêques de France au pape St Léon ; qu'en 465, Saturnin assista au concile de Rome, et en 554, Antonin à celui d'Arles, etc. etc.

A des époques moins éloignées, n'avons-nous pas vu nos premiers pasteurs s'opposer avec énergie aux prétentions séditieuses, aux décisions illégales, et maintenir dans l'Eglise cette antique majesté, cette respectable croyance, cette unité catholique sans laquelle il n'y a point de Christianisme ?

Note relative à la page 83. (ARCHEVÊCHÉ D'AVIGNON).

ARNAUD DE VIA, neveu de Jean XXII, bâtit vers 1318 la maison épiscopale située à l'extrémité de la place du Palais. Alain de Coëtivy fit construire, vers le milieu du XVe siècle, la partie de cet édifice qui regarde le Rhône, ainsi que l'*Official* pour tenir ses audiences, et la tour qui y est jointe pour servir de prison. Avant 1317, l'Evêché était à côté de la Métropole. Le palais de nos anciens pontifes, vendu dans la Révolution, a été remplacé par le magnifique hôtel qu'habite aujourd'hui Monseigneur de Mons, Archevêque et Pair de France.

LAURE.

J'ai donné une idée du caractère de Pétrarque, page 34 et suivantes. S'il fut, sans contredit, le plus grand homme de son siècle, celle qui maîtrisa son cœur est bien digne de partager sa célébrité, car le triomphe de la vertu n'est pas moins grand ni moins glorieux que le triomphe du génie. Pétrarque doit peut-être toute sa renommée à celle qu'il aima, et sans Laure il n'eût été probablement qu'un homme ordinaire. Le passage suivant de son livre intitulé : *De contemptu mundi*, donne beaucoup de poids à mon opinion.

« Rien de honteux dans ma passion (nous dit-il), rien de coupable que sa violence ! que dis-je ! rien de plus noble et de plus pur. Celle qui l'inspira a fait connaître mon nom et m'a acquis le peu de célébrité qui l'accompagne. C'est elle qui a fécondé le germe des vertus que la nature avait placé dans mon cœur ; c'est elle qui l'a vivifié ; c'est elle qui m'a soutenu au milieu des écueils de ma jeunesse, et qui a, pour ainsi dire, ennobli tous mes sentimens. L'amour ne nous fait-il pas imiter l'objet adoré ? Jamais le plus mordant critique a-t-il déchiré sa réputation et blâmé, je ne dis pas sa conduite, mais ses propos ? Ceux mêmes qui décrient tout ne l'ont-ils point admirée et respectée ? Doit-on s'étonner qu'une beauté aussi célèbre m'ait inspiré le désir de partager sa gloire ? Je n'avais d'autre ambition que de plaire à celle que j'aimais. Non, je ne saurais jamais oublier une femme qui, m'éloignant des voluptés, me fit aimer de solides vertus, me distingua du vulgaire, et fut le mobile de toutes mes actions » (1).

(1) Il est certain, dit un auteur célèbre, que les femmes seules pourraient ramener l'honneur et

On a souvent parlé de Laure : quelques-uns l'ont bien caractérisée ; d'autres, ne pouvant croire à des vertus qu'ils ne partageaient pas, l'ont très-mal jugée. M. Hyacinthe Audifret, dans l'article *Noves* de la *Biographie universelle*, en a fait un portrait très-ressemblant. Je ne puis résister au plaisir de le soumettre à mes lecteurs.

« Laure n'a jamais vécu avec Pétrarque
» dans une intimité scandaleuse... Laure
» n'était point une Iris en l'air, ainsi que

la probité parmi nous ; mais elles dédaignent des mains de la vertu un empire qu'elles ne veulent devoir qu'à leurs charmes. Que de grandes choses ne ferait-on pas avec le désir d'être estimé des femmes, si l'on savait mettre en œuvre ce ressort ! Malheur au siècle où les femmes perdent leur ascendant, et où leurs jugemens ne font plus rien aux hommes ! C'est le dernier degré de la dépravation. Tous les peuples qui ont eu des mœurs ont respecté les femmes. Les hommes seront toujours ce qu'il plaira aux femmes : si vous voulez donc qu'ils deviennent grands et vertueux, apprenez aux femmes ce que c'est que grandeur d'ame et vertu.

» l'a dit Voltaire, qui, rebuté sans doute
» par tant de fables et de contradictions, a
» mieux aimé, selon sa coutume, nier un
» fait constant que d'en débrouiller les
» preuves. La vérité a déchiré le voile qui
» enveloppait l'histoire de cette femme cé-
» lèbre ; sa naissance, son état, son carac-
» tère, ses mœurs sont attestés par des mo-
» numens authentiques, par des pièces
» irrécusables, par tous les ouvrages de
» Pétrarque en vers et en prose, en ita-
» lien et en latin. Ces preuves ont été
» adoptées par M. l'abbé de Sade (qui les
» a mises hors de doute) par l'abbé Ro-
» man son abréviateur, par Tiraboschi,
» par Baldilli, par M. l'abbé Arnavon, par
» M. Guérin et par Ginguené. Il n'y a
» plus aujourd'hui que l'ignorance et la
» mauvaise foi qui puissent les révoquer
» en doute.

» ..... Pétrarque nous apprend dans ses
» dialogues intitulés : *Mon Secret*, qu'il
» aima *l'âme et le corps de Laure*. Il y
» peint la violence des désirs qu'il éprou-

« vait près d'elle et loin d'elle ; ses vains
« efforts pour la séduire, ceux qu'il fit
« inutilement pour combattre, pour étouf-
« fer un amour sans espoir. Il y atteste
« aussi qu'il n'obtint jamais la moindre fa-
« veur de cette belle, et il rend un hom-
« mage éclatant à sa vertu.

« On ne peut douter que Laure ne fût
« flattée en secret des hommages du jeune
« poète, mais l'amour de ses devoirs, le
« soin de sa réputation triomphèrent tou-
« jours. Polie et aimable avec lui, lors-
« qu'elle ne voyait rien dans ses empres-
« semens qui dût l'alarmer, elle le trai-
« tait avec sévérité toutes les fois qu'il
« essayait de lui déclarer ses feux... Chan-
« ter dans ses vers l'objet dont il était
« charmé, s'efforcer de lui plaire, suivre
« Laure dans les promenades publiques et
« dans les assemblées, se plaindre de ses
« rigueurs, chercher à combattre une pas-
« sion malheureuse par les conseils qu'il
« demandait à l'amitié, par des distrac-
« tions que lui procurait le commerce

» des muses et par de fréquens voya-
» ges, telle fut à peu près, pendant vingt-un
» ans la vie de Pétrarque... Contenir dans
» les bornes du respect un amant qu'en-
» traînait un tempérament de feu ; le
» ramener par un mot, un geste, un re-
» gard, lorsque livré au désespoir il sem-
» blait près de se rebuter, de s'éloigner
» pour toujours : ce fut par cette conti-
» nuelle alternative de rigueurs et de mar-
» ques d'intérêt si bien exprimés dans les
» vers de Pétrarque, ce fut par ce petit
» manége de coquetterie que Laure sut re-
» tenir dans ses fers, pendant ce long in-
» tervalle, l'homme le plus ardent et le
» plus impétueux. »

FIN.

TABLE
DES MATIÈRES.

	PAGES.
ÉPITRE DÉDICATOIRE.	V
AVERTISSEMENT.	VII
PANORAMA D'AVIGNON.	13
NOTICE HISTORIQUE D'AVIGNON.	67
PRINCIPAUX MONUMENS D'AVIGNON, OBJETS QU'ILS RENFERMENT.	79
Palais apostolique.	81
Hôtel des monnaies.	83
Ancien archevêché.	id.
Métropole.	84
Grand escalier de Notre-Dame.	86
Hôpital des Insensés.	87
Hôpital de Sainte-Marthe.	89
Tombeau de Laure.	95
Aumône générale.	99
Bénédictins de Saint-Martial.	100
Muséum Calvet.	104

TABLE.

 Jardin de botanique. 106
 Hôtel des Invalides. 108
 Collège royal. 115
 Écoles de dessin, d'architecture, etc. 117
 Église de Saint-Pierre. 118
 Mont-de-Piété. 122
 Séminaire de Saint-Charles. . . . 123
 Hôtel Deleutre. 124
 Ancien couvent des Dominicains. . id.
 Fonderies de Vaucluse. 126
 Chapelle de l'Oratoire ou *des Missions.* 131
 Hôtel de Ville. . . . . id.
 Théâtre. 132

ANTIQUITÉS D'AVIGNON. 133

OBSERVATION RELATIVE A LA PAGE 21. . . 144

PANORAMA DE VAUCLUSE. 145
   DU MONT-VENTOUX. 152
   DU COL-LONGET. 164

VUES DES ALPES. 173
 Ire Vue. *Environs de Châteauroux.* . 177
 IIe Vue. *Gorges de la Chapelue.* . . 180
 IIIe Vue. *Col de la Traversette.* . . . 183
 IVe Vue. *Col d'Isoard.* 187

TABLE.

Ve Vue. *Environs de Suze, d'Exiles
   et de Briançon.* 190
  Passage des Alpes par Annibal. . 196
VIe Vue. *Glacier d'Allefroide.* . . . 200
VIIe Vue. *Glacier du Monetier.* . . . 204
VIIIe Vue. *Bergeries des Arcines.* . . 207
IXe Vue. *Bergerie du Mont-Viso.* . . 211
Observation relative à cet ouvrage. 216
NOTICE DU MUSÉUM CALVET. 220
  Inscriptions. . . . . id.
  *Bas-reliefs, statues, armes et au-
   tres objets antiques.* 239
  Médailles antiques et modernes. . 249
  Bibliothèque. 262
  Tableaux. 266
  Dessins. 300

SUPPLÉMENT.

ÉGLISE D'AVIGNON 302
*Note relative à la page 83 (Archevêché
 d'Avignon).* 307
LAURE 309

FIN DE LA TABLE.

27.

OUVRAGES

PUBLIÉS

PAR L'AUTEUR DU PANORAMA D'AVIGNON.

Essais de Médecine, par Waton et Guérin, 3 vol. in-12.

Discours sur l'Histoire d'Avignon, 1 vol. in-12.

Fragmens d'une topographie physique et médicale du Dép.t de Vaucluse, petit in-4.º

Discours sur l'étude de la Médecine, in-8.º

Réflexions sur la Vaccine, in-8.º

Rapport sur la Vaccination générale de l'arrondissement d'Orange, 1 vol. in-8.º

Description de la Fontaine de Vaucluse, suivie d'un Essai sur l'Histoire naturelle de cette source et d'une notice de la vie et des écrits de Pétrarque, in-12.

Description de Vaucluse, 2.ᵉ édit. in-18.

Vie d'Esprit Calvet, suivie d'une notice de ses ouvrages et des objets les plus curieux que renferme le Musée dont il est le fondateur, in-18.

Voyage à la Grande-Chartreuse et à la Trappe d'Aigue-Belle, in-18.

Mesures barométriques, suivies de quelques observations d'Histoire naturelle et de physique, faites dans les Alpes françaises, et d'un précis de la météorologie d'Avignon, in-18.

Cet ouvrage nouveau sous tous les rapports, renferme un très-grand nombre de mesures barométriques prises dans nos Alpes françaises et dans le département de Vaucluse ; la pente des rivières n'est point oubliée ; l'auteur observe que les villages les plus élevés de l'Europe mesurés jusqu'à ce jour, sont situés vers le sud et l'ouest du Mont Viso. Il en cite 17 entre 904 et 1047 tois.

Les montagnes calcaires, dit-il, s'élèvent dans le Dauphiné et la haute Provence, au-dessus de 1600 toises, et les granitiques jusqu'à 2000.

Le docteur Guérin donne ensuite l'analyse de ses observations sur le décroissement de la température atmosphérique qu'il a trouvé sous le 44.ᵐᵉ degré de latitude et le 3 ou 4.ᵐᵉ de longitude d'un degré centig. pour une hauteur de 195 mèt. en hiver; de 175 dans les saisons moyennes, et de 156 en été.

La température d'un grand nombre de sources depuis le niveau de nos plaines jusque sur les plus grandes hauteurs éloignées des glaciers, varie entre 15 et 2 degrés centigrades.

De grands arbres ont été observés à 1290 toises près du village de Saint-Véran, en montant au Col-Longet.

Des considérations sur le froid produit par le rayonnement et par l'évaporation, etc. etc., terminent la première partie de cet ouvrage.

Le précis de la météorologie d'Avignon est déduit de 27 ans d'observations non interrompues, faites au lever du soleil, à 10 h., à midi et à 2 h. On en a déduit aussi la température moyenne d'Avignon, qui a été trouvée de 14,38 centig.

La moyenne des extrêmes des 27 années comprises entre 1802 et 1828 inclusivement est, à Avignon, de — 5,38 c. pour les plus grands froids, et de 34,38 c. pour les plus grandes chaleurs.

La plus grande hauteur du thermomètre a été de 38,1 c. le 16 avril 1803 (30,5 Réaumur). La moindre de — 11,2 c. le 11 janvier 1810 (— 9,0 Réaumur).

Le Docteur Guérin a obtenu ses moyennes thermométriques d'après les observations faites au lever du Soleil et à 2 heures après midi, et ses moyennes barométriques d'après les seules observations de midi à la température moyenne de 14,38. C'est par inadvertance qu'il a dit, page 127, que ces dernières étaient le résultat des observations faites au lever du soleil et à 2 heures.

Il a trouvé la hauteur moyenne d'un baromètre d'accord avec celui de l'Observatoire royal de Paris de 764,25 m. au niveau de la Méditerranée.

Une foule d'observations nouvelles accompagnent 13 tableaux météorologiques.

La quantité moyenne d'eau de pluie, de grêle ou de neige, est à Avignon de 20 pouc. 3 lig. 8 dixièmes.

Il faudrait copier en entier l'ouvrage dont nous parlons pour en donner une idée exacte, parce qu'il est rempli d'observations et que l'auteur en a banni tout raisonnement théorique.

Ce dernier Ouvrage se trouve, à Avignon, chez l'Auteur, et chez le portier du Muséum CALVET.

ERRATA.

Page 67, ligne 1, *lisez* : Notice d'Avignon.

Page 47, ligne 1, et 83, ligne 10, au lieu d'Hôtel de la Monnaie, *lisez* : Hôtel des Monnaies.

Page 72, ligne 8, au lieu de gouvernement respectif, *lisez* : gouvernement adoptif.

Page 213, ligne 17, au lieu de 17), *lisez* : 1788).

AVIS AU RELIEUR.

Les dessins lithographiés du PANORAMA doivent être placés à gauche, dans l'ordre suivant :

Vue de la Tour de Villeneuve et du Fort de Saint-André, en face de l'Avertissement.

Vue du Château de Montfaucon, page 21

Vue de Vaucluse. 33

Ancien Palais des Papes. 43

Façade de la Salle de Spectacle. . . 47

Vue du Pont de Saint-Bénézet. 51

Vue de l'ancien Hôtel des Monnaies. . . 83

Église de Saint-Pierre. 119

D'après les arrangemens pris avec l'auteur de cet Ouvrage, Madame Ve GUICHARD aîné déclare que la propriété de cette édition lui en est acquise.

Les exemplaires exigés par la loi sont déposés à la Préfecture.

Cet Ouvrage se trouve chez la Propriétaire, rue Puits de la Reille, et chez le Portier du Muséum CALVET.

www.ingramcontent.com/pod-product-compliance
Lightning Source LLC
Chambersburg PA
CBHW072007150426
43194CB00008B/1027